青花瓷鉴藏全书

《青花瓷鉴藏全书》编委会　编写

北京希望电子出版社
Beijing Hope Electronic Press
www.bhp.com.cn

内 容 简 介

本书以独立专题的方式对青花瓷器的起源和发展、时代特征、鉴赏要点、收藏技巧、保养知识等进行了详细的介绍。本书内容丰富，图片精美，具有较强的科普性、可读性和实用性。全书共分五章：第一章，认识青花瓷；第二章，青花瓷的分类；第三章，青花瓷的市场价值分析；第四章，青花瓷的收藏与选购；第五章，青花瓷的养护。本书适合青花瓷收藏爱好者、拍卖业从业人员阅读和收藏，也是各类图书馆的配备首选。

图书在版编目（CIP）数据

青花瓷鉴藏全书 /《青花瓷鉴藏全书》编委会编写
. — 北京：北京希望电子出版社，2023.3
ISBN 978-7-83002-368-3

Ⅰ. ①青… Ⅱ. ①青… Ⅲ. ①青花瓷(考古) – 鉴赏 –
中国②青花瓷(考古) – 收藏 – 中国 Ⅳ. ①K876.34
②G262.4

中国国家版本馆CIP数据核字(2023)第019766号

出版：北京希望电子出版社　　　　　封面：袁　野
地址：北京市海淀区中关村大街22号　编辑：周卓琳
　　　中科大厦A座10层　　　　　　校对：李小楠
邮编：100190　　　　　　　　　　开本：710mm×1000mm　1/16
网址：www.bhp.com.cn　　　　　　印张：14
电话：010-82626270　　　　　　　字数：259千字
传真：010-62543892　　　　　　　印刷：河北文盛印刷有限公司
经销：各地新华书店　　　　　　　　版次：2023年3月1版1次印刷

定价：98.00元

编 委 会

（按姓氏拼音顺序排列）

目录

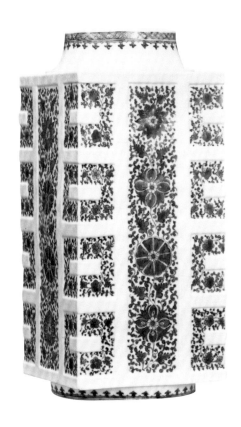

第三章

青花瓷的市场价值分析

第一章

认识青花瓷

△ **青花花卉图壶　明万历**

高15厘米　直径12厘米

　　长圆鼓形，长弯流，弯把，卧足，盖为拱形附宝珠钮，壶身两面开光，内以青花绘变形菊花花卉图，画法率意简洁粗犷。

一 青花瓷的来源

1 | 青花瓷的传说

　　青花瓷被誉为我国的四大传统名瓷之一，它的美艳总是会让人们浮想联翩。关于青花瓷的传说五花八门，什么版本都有，因此让青花瓷有了一抹神秘的色彩。青花瓷的传说因而成了人们了解它的契机。

◁ **青花开窗杂宝纹军持　明万历**

高19厘米　直径15厘米

　　军持，亦称"捃持""君稚迦"，为佛教僧侣饮水、洗手器具，此军持为外销瓷。2006年从英国拍卖会上拍回。此壶胎质坚细，修胎规整，有厚重感。胎釉结合紧密，釉面浆白色。壶身上下两部分开八面光，内以青花绘变形花卉，青花色调青兰深沉。图案纹饰时代感较强，其画意、笔法、布局等均有特定的时代韵律。

▷ **酱釉开光青花斗鸡纹壶　清乾隆**

高14厘米　直径23厘米

　　圆鼓形壶身遍施酱釉。直流，环形把上塑一拇指按，内嵌式壶盖两面开光，内绘花卉。壶身两面开光，内用青花单描手法绘斗鸡图，周围饰以萱草、花朵、垂柳。构图新颖活泼、生动有趣。斗鸡图纹饰在乾隆时期的瓷器上常见。

◁ **青花云海龙纹壶　清同治**

高15厘米　直径22厘米

　　扁圆鼓形器身，内嵌式盔帽型盖附宝珠钮，弯流，耳型把，做工精细。器身四面绘青花云龙纹，龙五爪，昂首奔腾，神气盎然，旁绘云火纹。肩绘回纹，底部绘海水纹。

▷ **桃形青花八宝纹倒流壶　清同治**

高17厘米　直径21厘米

　　桃形倒流壶。足外撇，弯流，耳形把，表面敷青釉，壶身青花绘八宝纹。底有一孔，用以注水入壶。此类壶始见于明晚期，英国人称此为"卡多根茶壶"，八宝纹为明清瓷器装饰纹样之一。亦称八吉祥。八宝分别为：法轮、法螺、宝伞、白盖、莲花、宝瓶、金鱼、盘长结，宋元之际传入内地。

△ **青花云龙壶** **清光绪**
高17厘米　直径21厘米

　　扁圆鼓形器身，敞口，圈足。内嵌式拱形盖附双狮钮。器身绘青花云龙纹。龙四爪，昂首奔腾，神气盎然，壶颈绘一周如意蝙蝠云水纹，内嵌式盔帽形盖附雕龙钮，壶腹一侧设多楞弯流，与其对应的另一面设多楞环形把。流和把上绘青花云纹。

　　相传元代有一名专门制作刻花的工匠赵小宝，他有一位漂亮的未婚妻，名叫廖青花。有一天青花看着正在工作的小宝，不禁问道："小宝，你刻在瓷坯上的花虽说好看，但是我觉得如果用笔画上去，会不会更好一些呢？"小宝听了未婚妻的话之后，就露出一脸难色，随后叹了一口气说道："其实你刚才说的我几年前就已经想到了，可是一直苦于找不到一种适合的颜料，所以一直以来只能坚持刻花。"

△ **青花云龙纹双兽耳大罐 元代**

高37.7厘米 直径15.6厘米

△ 青花釉里红贴塑花卉纹盖罐　元代

△ 青花凤串花执壶　元代

　　青花看到小宝脸上遗憾的神情，自己在心中暗暗下定决心，她决心一定要帮助自己的未婚夫寻找到一种适合画花的颜料。随后，青花主动上门去求自己的舅舅帮忙找矿。古时候人们的思想还比较传统封建，所以青花的舅舅一开始并没有答应青花的请求，并且告诉青花找矿是一件十分辛苦的事情，女子是万万受不了这般辛苦的。可是，青花想要找矿的决心却十分坚定，在青花苦苦哀求之下，青花的舅舅最终只能随了她的心愿，带着青花一同进入山中寻找矿石。

　　时间一转眼就过去了三个月，青花与自己的舅舅进山的时候是秋天，这一晃就已经是冬天了，小宝见青花迟迟没有归来，心里十分着急，于是他决定进山去找青花。刺骨的寒风迎面吹来，让小宝浑身上下不禁打了个寒颤。冒着这刺骨的寒风，小宝踩着皑皑的白雪进山了。此前小宝知道青花与舅舅两个人是去青石山寻找矿石，所以小宝一路朝着青石山的方向寻去，连续走了三天三夜之后，小宝终于来到了青石山下。小宝定睛一看发现，就在不远处的山谷中有一缕缕青烟冒了出来，这让小宝喜出望外，他感觉这袅袅的青烟发出来的地方必定是青花与舅舅的所在地。他一刻都不敢耽误，朝着青烟发出的方向狂奔而去。

△ 青花牡丹纹大罐　元代

△ 青花兔纹匜　元代

　　当小宝来到发出青烟的地方时，被眼前的情景惊呆了，原来青烟是从一个倒塌的炭窑中发出来的。小宝随后钻进了这个倒塌的炭窑当中，发现了里面有各种各样不同颜色的矿石，而在炭窑的一边还躺着一位奄奄一息衣衫褴褛的老人。小宝定睛一看，发现这位老人正是青花的舅舅，小宝来到舅舅跟前，将舅舅一把抱起，口中不停地喊着舅舅的名字。叫了好一会儿，舅舅才缓缓地睁开眼睛。看见眼前的人是小宝后，舅舅急急地对小宝说："快！快！快上山去接青花！"

　　小宝朝着舅舅手指的方向跑去，等他奋力跑到山顶的时候，却没有看见往日那个柔情似水的未婚妻青花，反而看见了青花躺在山顶上已经冻僵的尸体。在青花尸体旁还有很多已经选好的石料，原来青花在临死之前都一直拼命地护着身边的这些石料，小宝见状不禁嚎啕大哭。小宝将青花的尸体掩埋好之后，便带上了那些青花临死之前都在保护的石料，搀扶着舅舅回到了镇上。

　　回家之后的小宝一心钻研青花用命换来的石料，他先将这些石料研磨成粉末，之后再配制成颜料，用画笔蘸着颜料将图案画在瓷坯之上。他将这些画好的瓷坯放入窑中经过高温烧制，最终烧制好的瓷器上出现了青翠欲滴的蓝色花纹，这些花纹在瓷器上白里泛青，明艳动人，这就是最早出现的青花瓷。后人为了纪念寻找到青花颜料的廖青花，将瓷器的名字命名为青花瓷，而这种专门用于制作青花瓷的颜料则被后人们称为"青花料（廖）"，这种说法也一直被人们沿用至今。

2 | 青花瓷与外销

　　自从青花瓷问世以来，由于其青翠欲滴的颜色和清新明亮的风格，一直备受世人喜爱。青花瓷作为瓷器中的明珠，实现了艺术与实用的完美融合。青花瓷不仅受到了中国人的喜爱，外国人也被它的魅力所折服，甚至将收藏青花瓷作为自己身份与地位的象征。

△ **青花开窗杂宝纹军持　明万历**

高19厘米　直径15厘米

　　此军持从欧洲购得，胎坚质细，修胎规整，有厚重感。胎釉结合紧密，釉面浆白色。壶身上下两部分开八面光，内以青花绘变形花卉，壶颈绘芭蕉纹。青花色调青兰深沉。图案纹饰时代感较强，其画意、笔法、布局等均有特定的时代韵律。

△ **青花人物纹扁壶　清光绪**
高17.7厘米　直径12厘米

　　春秋时期铜扁壶样式。器身扁圆，高直颈，高圈足，多棱曲柄、弯流，器身饰缠枝莲花纹，两面开光，饰婴戏纹，有垂柳、栏栅、洞石。足部饰璎珞纹。

　　中国瓷器在国际上十分有名，青花瓷是所有外销瓷器中销售最好的。学者研究后发现，最早的青花瓷外销可以追溯到明嘉靖时期至清康熙早期之间，这是青花瓷外销的第一阶段。从清朝康熙中期一直到清朝乾隆中期为第二个阶段。从清朝乾隆中期以后，一直到清末时期为第三个外销阶段。

　　事实上，青花瓷从元代烧制成功后不久，便成了外销瓷器了。元代时期的青花瓷，主要被销往中东国家，现如今在土耳其的托普卡比宫中还存有大量的元代青花瓷，其他国家的博物馆中也有数百件青花瓷藏品，人们将青花瓷视为珍宝小心收藏。早在公元1405年（明朝永乐三年），航海家郑和先后七次下西洋，明朝的海外贸易迅速发展，瓷器就是当时的主要外销商品之一。为了能够满足外国人对瓷器的需求，当时烧制的瓷器都具有外国特色。例如一只印有阿拉伯文的永乐青花瓷碗（现藏我国西安博物院），它的碗沿内部有一周波涛海水纹，腹部绘有变形的花叶，下腹部则有一周的缠枝花。在碗底的位置有一些变形的花朵纹，碗的外沿有一圈阿拉伯文字。

△ **青花开光人物双系壶　清光绪**

高18厘米　直径19厘米

　　圆鼓形壶身，弯流，斜肩，直颈，圈足。内嵌式壶盖附宝珠钮，盖上六面开光绘各种花卉。肩饰草席纹，颈饰一圈回字纹。壶身六面开光，两面饰仕女持花纹，两面饰莲池荷花纹，两面饰菊花纹。壶的一侧置长弯流，肩附两系，用以系铜绳提梁。

　　嘉靖时期，海上交通运输迅速发展，从而促进了欧洲人与中国人的海外贸易。作为当时最主要的外销商品之一的青花瓷，还作为礼物赠送给英国女王。公元1602年，葡萄牙的商船"克拉克"号上载有的中国外销青花瓷有一个共同点：作品中都有一个主图案，在瓷器的外围还有多个开光图案，最初的纹饰图案还具有中国的传统特色，但是到了后来纹饰的图案发生了改变，渐渐地出现了一些带有异国情调的纹饰，这些瓷器被称为"克拉克"瓷。

△ **青花龙纹大壶　清光绪**

高22厘米　直径22厘米

　　梨形壶身，敞口，圈足，弯流，多棱曲形把。内嵌式壶盖呈盔帽形附宝珠钮。壶肩饰一圈缠枝纹，壶盖沿饰一圈回字纹。壶身六条驾云腾龙，配以云火纹。器型硕大，发色鲜艳，绘法精细。龙的形态活跃传神。

中国民窑中生产的青花瓷也远销海外，民窑中生产的青花瓷图案主要以风景或花鸟鱼虫为主。在20世纪70年代的时候，景德镇曾经烧制出一种叫作"青花梧桐"图案的青花瓷餐具，因为图案精美还荣获了"国家优质产品"的称号。不仅如此，德国、捷克、波兰等国都对景德镇所生产的梧桐青花瓷给出了高度评价，梧桐青花瓷一直受到国外顾客的喜欢。

△ 青花深山携琴访友盖瓶　清康熙

通高52厘米　口径16厘米　底径6.6厘米

　　器型规整端庄典雅，台阶底修足规整，胎质洁白细腻呈糯米胎，树叶款。煅烧法的浙料发色浓艳深沉不飘浮。山水人物的绘画浓淡层次分明、墨色渲染远山近水人物尽收眼底，犹如一幅美丽的风景画，彰显了古代窑厂绘画大师非凡的绘画功力。绘画清晰地描述古人翻山越岭去探亲访友的场景，独钓寒江显示了古人为了招待远道而来的好友去深海捕鱼的场景。

△ 青花开光山水仕女庭院纹盖罐　清康熙

通高62厘米　口径10.3厘米　底径6.6厘米

　　器型硕大。器型端庄规整。二层台阶底，树叶款，胎质洁白细腻呈糯米胎。煅烧法的浙料发色沉稳、青翠欲滴、幽倩美观，明净艳丽、清朗不浑、艳而不俗。绘画层次清晰、留白布局合理恰到好处。远山近水楼阁人物、层峦叠嶂、层次感立体感强烈，给人以清新明亮的视觉享受。绘画兼工写意。

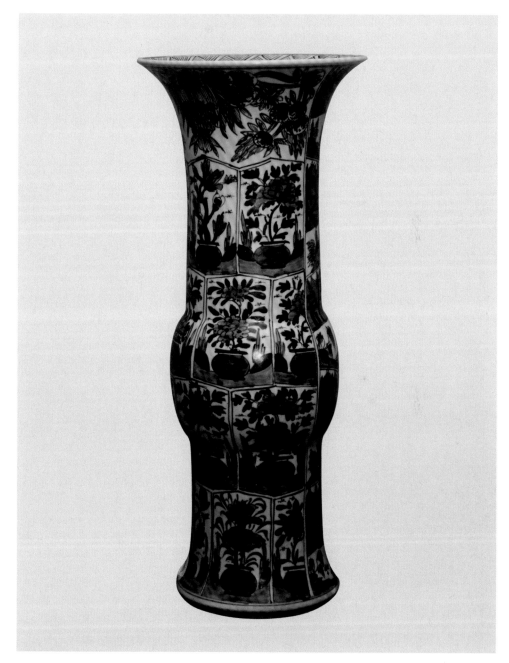

△ **青花西洋宫苑盆景大花觚　清康熙**

通高54厘米　口径10.3厘米　底径6.6厘米

　　器型硕大，器型端庄规整。青花发色沉稳、青翠欲滴。敞口，高颈上张，微隆扁弧腹，胫边外撇，二层台底，胎白坚致，施浆白釉。器主体纵半部各开光绘画西洋宫苑图，另纵半部各开光，内绘画盆景花卉图。底落青花新叶款。

二
青花瓷的价值

　　青花瓷的价值主要体现在文化价值、观赏价值以及历史价值上，虽然说青花瓷的名号响当当，知道青花瓷的人也非常多，可是真正了解青花瓷价值的人却十分少。

△ **青花高士图壶　明万历**

高20厘米　直径17.5厘米

　　此壶样式由宋代影青釉执壶样式变化而来。弧形流置于腹部，提梁跨盖立于肩部两侧。通体以回青料绘制，青花发色艳丽。纹饰采用单线平涂的手法，使纹饰富有层次感。壶口及近足处均饰两道弦纹。壶身两面六瓣开光，内绘青花高士图。周围饰以勾栏、松石。高士图是指人物图画中以文人雅士情趣生活为题材的纹饰。

1 | 文化价值

　　青花瓷清新典雅，深受历代文人骚客喜爱，它特有的颜色也彰显了文人们的高雅品位。青花瓷本身就像一本历史书一样——它身上的精美图案，正反映了不同时期的思想潮流与审美旨趣。

△ **青花开窗人物提梁壶　明万历**

高17厘米　直径16厘米

　　此壶得之于一中国台湾藏家。小直口，鼓腹，平底，肩部有提梁，弯流，盖为拱形绘八宝纹附宝珠钮，壶身两面开光，开光外饰云水纹，开光内绘仕女人物图。配以勾栏、芭蕉、桌椅、书画等。其人物造型简洁准确，衣纹自然，画法以单线平涂为主，青花色泽艳丽青翠，为本朝之典型器。

△ **青花六棱山水纹壶　清康熙**

通高13厘米　直径17.5厘米　底径6.6厘米

　　通体六棱形。盖作瓜棱宝珠钮，拱弧面。壶，矮直口，丰肩，弧腹，下腹渐收，胫渐张，平底，框足。腹部一侧置直流，另一侧为柄。胎质洁白坚致。青白釉色泛灰，青花绘纹饰，呈色鲜艳。盖钮涂青花。盖面和腹部分别饰山水、花卉纹。

△ **青花六棱莲花纹壶　清康熙**

通高13厘米　直径17.5厘米　底径6.6厘米

　　越南金瓯沉船海捞瓷。器型规整端庄，胎质洁白细腻呈糯米胎。青花发色沉稳淡雅、绘画精美。六开光内分别绘莲花花卉。历代诗人赞美莲花"出淤泥而不染，濯清涟而不妖。"

△ **青花指日可待纹大壶　清雍正**

通高13厘米　直径17.5厘米　底径6.6厘米

　　盖作宝珠钮，拱圆弧面，子口；壶，圆口，溜肩，鼓圆腹，下腹渐收，平底，圈足。腹部一侧置直流，对应一侧为圆条弯曲柄。胎体洁白坚致、细腻、轻薄。釉色泛灰。以青花绘纹饰，呈色翠兰。纽涂青花，纽根饰双弦纹，盖面以菱纹锦地弧形开光边饰折枝花卉纹。壶流下壁及柄面饰草卉纹，胫足部饰弦纹；腹部以菱纹锦地边饰童子放牧图。

　　比如，元代的青花瓷通常体型较大，图案密集，画风奔放，足以突出当时人的豪放性格。

　　明代晚期的青花瓷画风突变，与以往差异最大的便是青花瓷上的纹饰。明晚期嘉靖年间以及万历时期，青花瓷的纹饰多采用了寓意吉祥的纹饰，这与当时社会中，人们崇尚佛教和道教有很大关系。到了明朝末期的时候，青花瓷的风格又发生了转变，当时多数的青花瓷采用写意的手法，反映明朝末期内忧外患的政治局面。

△ **青花龙凤纹壶　清雍正**

通高13厘米　直径17.5厘米　底径6.6厘米

　　盖作宝珠钮。微弧面，子口，壶颈直，圆腹，曲流，耳形柄，圈足，施青白釉。盖内沿和子口及壶内口边露白细砂胎。器型规整端庄，胎质洁白细腻呈糯米胎，树叶款。壶一边线描绘龙纹，另一边绘凤纹，龙飞凤舞，寓意龙凤呈祥。绘画精美纹饰布局合理、青花发色浓艳层次分明。

　　到了清朝康熙时期，中国进入太平盛世，与此同时手工艺快速发展。制作青花瓷的技艺也达到了一个新高度。这一时期制作出来的青花瓷层次感强，青花瓷上绘制的纹饰也恢宏大气，可以充分反映出当时的社会风貌。不同时期的青花瓷，表现出不同的风格，这与人们受到的文化教育，与社会的影响都有很大的关系，所以说青花瓷具有很高的文化价值。我们可以通过青花瓷去探索它们存世的年代中的不为人知的秘密，青花瓷的存世也为人们了解历史做出了巨大的贡献。

2 | 观赏价值

青花瓷被誉为"火中凤凰"，不仅因为烧制的过程需要高温，同时还因为身上带有极具中国民族特色的图案，真正做到了将精美瓷器与中国艺术相结合。青花瓷的瓷胎洁白如雪，而上面的青花图案却浓郁青翠，如此鲜明的对比让瓷器上的图案更具观赏性。中国历代的瓷器大师将毕生的心血都投入到烧制青花瓷上，才成就了青花瓷身上无数设计精美的中国画。再加之青花瓷的表面质感温润如玉，釉色绚丽多彩，烧制时火候恰到好处，让青花瓷成为了艺术珍品。

△ **青花高士图壶　明万历**

高15厘米　直径12厘米

　　长圆鼓形，长弯流，弯把，盖为拱形附宝珠钮。壶口及近足处均饰两道弦纹。壶身两面四瓣开光，内以青花绘高士图，周围饰以勾栏、松石。

△ **青花开窗杂宝纹军持　明万历**

高18.5厘米　直径15厘米

　　18世纪外销欧洲的瓷器。壶口沿镶铜口为当地人的习惯。釉面浆白色。壶身绘花瓶、书匣、石榴、如意等。壶肩绘芭蕉纹，青花色调青兰深沉。图案纹饰古朴雅致，其画意、笔法、布局等均有特定的时代韵律。

△ **青花指日可待纹壶　清雍正**

通高13厘米　直径17.5厘米　底径6.6厘米

　　盖作宝珠钮，微拱弧面，子口；壶，圆口，矮直颈，圆腹，平底，浅圈足。腹部一侧置直流，对应一侧为圆条弯曲柄。胎体洁白坚致，细腻，轻薄。釉色泛灰。以青花绘纹饰，呈色翠蓝。纽涂青花，纽根饰双弦纹，盖面以菱纹锦地弧形开光边饰折枝花卉纹。壶流下壁及柄面饰草卉纹，胫足部饰弦纹；腹部以菱纹锦地边饰直上青云图，描绘一牧童骑于牛背上，将草帽抛向青天，寓意仕途平步青云。

　　景德镇的青花瓷从元代开始就已经成了十分珍贵的贡品，由于景德镇位于我国南方地区，所以制作风格偏江南特色，明、清两代的青花瓷制作名家们更是受到当时文化的熏陶，制作出的作品巧妙绝伦，成为世代相传的珍品。新中国成立之后，景德镇还创建了专门学习陶瓷制作技艺的学校。青花瓷的风格也就更加多

△ **青花白描卷枝花卉纹壶　清雍正**

通高13厘米　直径17.5厘米　底径6.6厘米

　　盖作宝珠钮，微坡面，子口。壶，平口，鼓圆腹，平底，圈足。腹部一侧置直流，另一侧为柄。胎质洁白坚致。釉色青白，青花绘纹饰，呈色淡雅。盖钮涂青花。盖面作卷枝花卉纹，肩部绘锦地弧形开光朵花纹边饰，腹部白描缠枝花卉纹。流上壁饰四叶纹，下壁饰折枝花卉纹。

样化了，如今景德镇的青花瓷不仅具有中国传统的古典风，还融合了现代艺术的风格，真正做到了传统与现代相结合。如今景德镇的青花瓷作品同样具有极高的观赏价值，而且现代的制作工艺远比古时候更加纯熟，制作出来的青花瓷品质远胜过去。

△ **青花《西厢记》张生跳粉墙故事纹壶　清雍正**
通高13厘米　直径17.5厘米　底径6.6厘米

　　盖作宝珠钮，微拱弧面，子口；壶，圆口，矮直颈，圆腹，平底，浅圈足。腹部一侧置直流，对应一侧为圆条弯曲柄。胎体洁白坚致，细腻，轻薄。釉色泛灰。以青花绘纹饰，呈色翠蓝。钮涂青花，钮根饰双弦纹，盖面以菱纹锦地弧形开光边饰折枝花卉纹。腹部以青花饰《西厢记》张生跳粉墙图，描写元代王实甫《西厢记》红娘伴崔莺莺到后花园，园门闭锁，张生为与之相会而跳粉墙的故事。

　　上海闵行博物馆、江阴博物馆、广西博物馆先后有同类瓷器展出。

3 | 历史价值

青花瓷除了文化价值与观赏价值非常高之外，还具有很高的历史价值。青花瓷的历史最早可以追溯到唐代，虽然说早在宋代时期青花瓷就已经在生产了，但是毕竟那个时候青花瓷的生产还处于一个最初级的阶段。当时手工艺制造业发展速度还十分缓慢，因此传世的青花瓷数量极其稀少。随着时间的推移，元代青花瓷的制作工艺已经趋于成熟了，尤其江西景德镇地区生产的青花瓷，制作工艺更是十分精致。现在还有一部分元代青花瓷传世至今，成为全世界各大博物馆中的珍藏，与此同时也成了各大拍卖会中的抢手货。

元代的青花料有两种类型，一种是国产的，另一种是进口的。最早人们制作青花瓷采用的色料多是来自于海外，这种色料被人们称为"苏青"。元代的青花瓷的胎体比其他时期的青花瓷胎体更加厚重一些，色彩也相对比较鲜艳。当时，青花瓷制作大师们制作出来的青花瓷，构图比较复杂，多采用了多层的装饰。青花瓷的纹饰多采用缠枝花、鸳鸯、龙凤、山水以及人物故事为主题，主题内容丰富而且绘制图案的笔法生动传神，青花瓷的画面丰富且具有层次，图案结构饱满，还有不少青花瓷上出现了莲花、八宝、大云头等纹饰图案。元代青花瓷的造型古朴典雅，既有制作比较大气的大盘、大碗以及大罐等器物，也有一些制作比较小巧精致的小器物，例如高足碗、盘、高足杯等器物，这些器物的胎体都十分轻薄，制作也十分精致。元代青花瓷的绘画线条苍劲有力，这也足可以反映出元代工匠们制作青花瓷的高超技艺。

明代时期的青花瓷制作工艺已经发展到了一个鼎盛时期，不论是官窑还是民窑中生产的青花瓷，制作工艺都十分精良，而且也有不少青花瓷一直保留到今天，成了传世的佳作。明代的青花瓷一直都被人们视为青花瓷的典范，一直到今天，制作青花瓷的工匠依然还在模仿当时工匠的制作技艺。尤其是明朝的永乐时期、宣德时期、嘉靖时期以及万历年间官窑烧制的青花瓷，更是经典中的经典。当时官窑烧制出来的青花瓷胎釉细腻，青花颜色浓郁，青花瓷的造型也更加丰富多样，装饰也相较于其他时期更加丰富。

△ 青花缠枝纹碗　明洪武

高10.5厘米，直径20.5厘米

△ 青花一把莲纹大盘　明永乐

直径42厘米

△ 青花缠枝莲盘　明永乐

直径27.7厘米

△ 青花云龙纹扁壶　明永乐

高51.2厘米

△ **青花一把莲大盘 明永乐**
直径34厘米

△ **青花折枝花卉纹墩式碗　明永乐**
直径18.2厘米

　　到了成化年间时，采用了全新的青料制作青花瓷，这种青料叫作"平等青"，也被称为"陂塘青"。它的产地主要来自江西的瑞州，青料的发色稳定，颜色柔和，烧制出来的青花瓷色泽清新淡雅。成化青花瓷不仅色泽与众不同，用手触碰还有玉质的感觉。胎质白皙细腻，可谓是青花瓷中的佳品。明代嘉靖到万历年间烧制青花瓷所用的青料是一种叫作"回青"的色料，这种色料不是国产的，而是来自于阿拉伯地区的外来色料。

△ **青花花卉纹八角烛台　明永乐**

　　到了清代康熙、雍正、乾隆年间，由于三位皇帝都比较重视制瓷业的发展，因此当时青花瓷的制作水平又提高到了另一个新高度。清代的民窑青花瓷的制作风格更加生动活泼，样式也相比过去要更加丰富，青花瓷上的图案还采用了很多历史题材以及戏曲故事。中国四大古典名著中的《三国演义》也成了青花瓷的制作题材之一，《西厢记》等题材也出现在了青花瓷上。虽然说青花瓷的图案纹饰都采用了同一种色调的色料，但是由于浓淡度不同和深浅不一的层次，即便是同一种颜色，依然可以表达出不同的意境。清代官窑制作青花瓷时，要求器物的大小要适度，青花瓷表面的画面要具有神韵，造型也要富于变化，与民窑青花瓷的风格各异其趣。

△ **青花六棱莲花纹壶　清康熙**

通高13厘米　直径17.5厘米　底径6.6厘米

　　器型规整端庄，胎质洁白细腻呈糯米胎。青花发色沉稳淡雅、绘画精美。六开光内分别绘莲花花卉。

△ **青花渔樵耕读图纹壶　清康熙**

通高13厘米　直径17.5厘米　底径6.6厘米

　　盖作宝珠纽，微拱弧面，子口；壶，圆口，矮直颈，圆腹，平底，浅圈足。腹部一侧置直流，对应一侧为圆条弯曲柄。胎体洁白坚致，细腻，轻薄。釉色泛灰。以青花绘纹饰，呈色翠蓝。纽涂青花，纽根饰双弦纹，盖面以菱纹锦地弧形开光边饰折枝花卉纹。腹部以青花饰《渔樵耕读图》，描写了严子陵一生不仕，隐于民间，垂钓终老的故事。

△ **青花梨形喜上眉梢纹壶　清康熙**

通高13厘米　直径17.5厘米　底径6.6厘米

　　器型规整，胎白素洁，青花发色艳丽。通体呈瓜棱状。盖作宝珠钮，拱圆面，子口。壶，圆口，溜肩，滚圆腹，胫渐收，平底，矮圈足。腹部一侧置流，另一侧为柄。胎质洁白坚致，细腻。青白釉色泛灰，青花绘纹饰，呈色翠兰。盖钮涂青花。盖面以弦纹边饰折枝花卉纹，腹部画喜鹊登梅纹，有喜上眉梢之意。

△ **青花开光山水人物纹花觚（胖）　清康熙**

通高13厘米　直径17.5厘米　底径6.6厘米

　　敞口、筒身，中部凸弧腹，胫部下张。二层太地底足。胎质洁白坚致，釉色泛白，青花绘纹饰，呈色翠蓝。器口内绘曲折纹边饰，外壁颈、腹、胫部分别作莲瓣形、矩形和扇形开光，各开光内分别绘山水人物纹。

△ **青花开光山水纹花觚（瘦）　清康熙**

通高28厘米　直径7.5厘米　底径6.6厘米

　　敞口、筒身，中部凸弧腹，胫部下张。二层太地底足。胎质洁白坚致，釉色泛白，青花绘纹饰，呈色翠蓝。器口内绘折纹边饰，外壁颈、腹、胫部分别作莲瓣形、飘影莲瓣形开光，各开光内分别绘山水人物纹。

三
青花瓷的特征

　　每个朝代生产的青花瓷都具有不同的特征，这些特征与时代背景有重要关系，人们透过青花瓷上的不同图画与纹饰可以判断出青花瓷的生产年代。那么古代与现当代的青花瓷都具有哪些不同的特征呢？

△ **青花人物壶　明中期**

高17厘米　直径12厘米

　　玉壶春形壶身，直口，长弯流，流和壶肩设一横梁，和流对应处设一耳形把。壶口和近足处各绘两道弦纹。壶身通周绘高士拜友图。周围饰以雕栏、洞石、云彩、草木。人物纹饰生动，层次清晰，线条飘逸流畅，青花色调淡雅。

1 | 古代青花瓷的特征

青花瓷因其特殊的颜色与其他瓷器不同。白底蓝花的绝妙搭配，让青花瓷成了陶瓷史上的一朵奇葩。制作青花瓷时，需要用青料在瓷器的素胎上画出各种不同的图案，瓷胎经过上釉处理之后，再拿到温度为1200℃以上的窑中进行烧制，最终漂亮精美的青花瓷就面世了。青花瓷的颜色虽然比较单一，但是却不单调；青花瓷的图案虽然简约，但是却一点都不让人觉得简单。青花瓷绝妙之处就在于，同一种颜色不同的深浅程度，凝造出内容丰富的图案。

绘制青花瓷的技法与画国画基本一致，同样都是通过深浅不同的色调让简单的图案丰富起来。在题材的选择上，也与国画十分相似。青花瓷图案具有简洁明快的风格。清新雅致的图案装饰性极强，加上青料颜色经久不衰，即便是历经千百年依然色泽如新，光彩依旧。青花瓷独具一格的纹饰风格，受到了国内外人士的喜爱。

我国出土的元代青花瓷的青料中有一些黑色的斑点，青花瓷表面图案的绘制线条还有一些晕散的现象，有一部分元代青花瓷的青料颜色呈现出鲜艳的蓝紫色，这种色料我们称为"苏泥勃青"。这种色料与现今使用的氧化钴配制出来的青料十分相似。有一些色料制作出来的青花瓷图案还可能出现灰青色的颜色。出现了不同的颜色，是因为元代的青料来源比较广泛，颜色才会出现很大差异。

元代青花瓷的色料比较丰富，但制作的器型却十分工整，花纹绘制也十分细腻，具有很鲜明的时代特点。明代青花瓷算得上是青花瓷的黄金生产时期，尤其是在明代宣德时期，青花瓷的制作达到了巅峰，这个时期制瓷匠们采用了进口的钴料，也就是被称为"苏泥勃青"的色料。这种色料内含铁量十分高，但是含锰量却相对比较低，如果烧制的火候掌握得恰到好处，烧制出来的青花瓷颜色会呈现出鲜艳的宝蓝色。但是使用这种色料烧制出来的青花瓷，通常在瓷器的表面都会出现带有金属光泽的小黑点，这种就是典型的宣德时期的青花瓷。

　　清代的青花瓷生产技艺在明代先进的生产技艺基础之上，发展出了更加高超的技艺，尤其是清代康熙、雍正、乾隆年间，青花瓷无论是在造型还是在釉彩等方面都有了显著的提高，与今日云南明料的色调十分相近，颜色艳丽。清代的青花瓷图案与明代的有所不同，主要以人物、花鸟以及山水为主，被人们称为清代三冠。清代青花瓷在样式上有了很大的改变，造型变得更加挺拔，色调更加青翠，画法更加精细，分色的层次更加丰富。工匠们在绘制图案时，甚至可以一笔画出深浅不一的笔韵，绘画技巧日臻成熟。

△ **青花折枝花卉纹盖罐　清康熙**

通高32厘米　直径7.5厘米　底径6.6厘米

　　盖作莲子纽，拱圆面，折沿，子口；罐，平圆口，高直颈，圆弧肩，鼓弧，下腹渐收；高胫下张，二层台圈足。胎白坚致，施浆白釉。盖内沿和罐内口边露白细砂胎，青花绘饰纹样，呈色青中泛灰。盖钮涂青花，罐颈饰折枝花卉，盖面作四扇形开光，身部以曲折纹边饰三层莲瓣形开光，各开光内绘折枝花卉纹。底款落青花叶纹。

△ **青花开光山水人物冬瓜罐 清康熙**

通高52厘米 直径7.5厘米 底径6.6厘米

　　器型规整，画工精细。盖作宝珠钮，拱圆面，菱花口折沿，子口；罐，直口，短颈，圆弧肩，直圆腹，胫渐收，平底，圈足。胎白质坚，施浆白釉。盖内沿、子口和罐口内边露白砂胎。器作隐浮雕开光装饰，青花绘纹饰，青花呈色淡雅，盖钮涂青花；盖面和罐肩，胫部饰莲瓣形开光，腹部作余地分格开光，各开光边饰绘蔓草纹边饰，开光内绘折枝梅花纹，或折枝牡丹花纹和山水人物图。底落青花新叶款。

△ **青花折枝花卉莲蓬式盖罐　清康熙**

通高30厘米　直径7.5厘米　底径6.6厘米

　　盖作莲子纽，拱圆面，花口沿，子口；罐，高直颈，溜肩，鼓弧腹，呈纽瓜棱状，腹下渐收；高直胫，胫边外撇，平底，挖圈足。胎白坚致，施浆白釉。盖内沿和罐内口边露白细砂胎，盖面、颈和胫部作隐浮雕装饰，青花绘饰纹样，呈色青中泛灰。盖纽绘两层莲子纹，盖面饰三层纹饰，上下两层绘莲子纹，中层饰叶形开光折枝茎叶纹，颈部两层纹饰，折枝花朵和叶形开光折枝莲纹边饰；器腹三层纹饰，上下层绘叶形开光折枝莲纹边饰，中层为主题纹饰，折枝花卉纹；胫部四层纹饰，横杆结网纹、叶瓣纹、叶尖纹和同心圆纹边饰。青花发色沉稳淡雅、绘画精美。

△ **青花开光人物纹盖罐　清康熙**

通高28厘米　直径7.5厘米　底径6.6厘米

　　器型规整端庄典雅、台阶底修足规整、胎质洁白细腻呈糯米胎、树叶款。煅烧法的浙料发色浓艳深沉不飘浮。器腹分三层开光，开光内青花绘"胡服骑射""寒江独钓""深山访友"等人物故事，画面浓淡层次分明、墨色渲染远山近水人物尽收眼底，犹如一幅美丽的风景画，清晰地描绘了古代的人间仙境。

△ 青花矾红彩描金人物壶　清乾隆

高12厘米　直径20厘米

　　多棱鼓形器身，直颈、圈足，壶身四面绘青花加矾红彩人物庭院纹。肩绘一圈青花旋纹，伞形盖附宝珠钮，盖面青花绘花卉纹，部分地方描金。圆直流，与之对称处设耳形把，流和把上矾红彩点缀。

　　此壶为伊万里纹样。17世纪中期，由于明末清初的战争动乱，中外贸易一度停滞，日本有田开始大量仿制景德镇瓷器，其外销瓷产品大多运送到距有田西北12公里的伊万港出口，欧洲人称此为"伊万里瓷"。17世纪末到18世纪，伊万里瓷在欧洲风靡一时。清康熙时期开放海禁后，景德镇仿制当时畅销欧洲的伊万里瓷外销，称为"中式伊万里瓷"，伊万里纹样代表了一段中日瓷器装饰风格互相借鉴的历史。

△ **青花花卉龙柄执壶　清乾隆**

高26.5厘米　直径16厘米

　　细长直颈，圆鼓形壶身。圈足，底端略收。壶身正面开一大光，内用青花绘亭台楼阁等。壶身两面卷草纹开光内绘山水楼阁。壶身遍绘牡丹、菊花、萱草纹。颈肩和壶腹部的把塑成螭龙纹，由上而下盘旋，细腻流畅。用青花点缀。青花花色浓翠凝重，画法纤细雅致。

2 | 历代青花瓷的特征

　　青花瓷是我国传统工艺美术的杰出代表，青花瓷的制作工艺体现出了中国传统工艺的精髓，是中国人智慧与艺术的结晶。最早出现青花瓷的年代是唐朝，只不过当时的手工制造业还不够发达，因此青花瓷的制作工艺也只停留在了最原始的状态。后来随着手工艺技术的逐渐发展，到了元代青花瓷开始逐渐兴盛起来。元代生产青花瓷的官窑和民窑有很多，而到了明代和清代，青花瓷才算是真正走进了鼎盛时期。随着制瓷业不断发展，青花瓷的制作工艺逐渐趋于巅峰，而青花料也随着制作工艺发展而变得更加丰富。明清时期青花瓷的青料已经不再是以往单一的品种，还出现了青花红彩、豆青釉青花、孔雀绿釉青花、哥釉青花以及黄地青花等多个品种。到了乾隆末年，粉彩瓷逐渐受到人们的青睐，而青花瓷也逐渐走向了没落。

　　青花瓷历经千年，它见证了中国瓷器的历史。青花瓷的传世，为后人探索历史提供了很大的帮助，也成了人们研究历史的重要参考。青花瓷相比其他瓷器，更具有文化代表性，风格和题材都十分多样。

　　古时候青花瓷的民窑遍布全国各地，而且产量也远远比官窑大很多，产品风格相比官窑多变随性。民窑生产的青花瓷更加质朴，画风也比较洒脱。中国传统的用色有五种，即：黄色、青色、赤色、白色以及黑色。其中白色与黑色是万能色，几乎什么场合都可以出现这两种颜色。红色却需要应景出现才行，一般只有喜庆的场合才会出现，黄色则是宫廷御用的颜色，青色则是布衣的颜色。古时候在中国的江南一带，非常流行利用青色的布料制成衣服。当时人们将传统的手织棉布，浸在一种用蓝靛草制成染料当中，染出来的棉布颜色清亮，不易褪色，穿在身上还不刺激皮肤，这种颜色与青花瓷上的颜色十分相似。古时候的蒙古族人喜欢在室内铺设一种叫作"白三蓝"的地毯，这种地毯的颜色与元朝时的青花瓷色调基本一致，设计风格也非常相似，这种颜色也一直延续到了现代。

　　除此之外，青花瓷上的图案也根据不同时期有着不同的变化，民间的青花瓷物件上的图案大多数都比较简练，非常适合普通老百姓的审美观点。随着手工业逐渐发展，青花瓷的种类也逐渐多了起来，青花瓷的器型与地域有很大关系。比如说，古时候我国南方地区的人们喜欢煲汤喝，因此南方地区常常会出现一些青花瓷的煲汤罐子，而在河北地区由于气候环境影响，风沙比较大，所以家家户户都有鸡毛掸子。与鸡毛掸子配套的就是青花掸瓶（存放鸡毛掸子的瓶子）。除了地域上的差异会导致青花瓷器物种类不同，就连青花瓷的画风也截然不同。我国南方地区生产的青花瓷，画风都比较写意，而且颜色的明度也比较高。北方与南方的画风差异甚大，北方的青花瓷上的图案通常都比较工整，而且黑白对比比较强烈，明度相比南方青花瓷要低很多。

第二章

青花瓷的分类

对青花瓷还不太了解人，在欣赏青花瓷的时候，大多只从青花瓷的图案或者器型上去判断它们的类型。实际上根据不同的条件，可以将青花瓷分成很多不同类型，判断标准十分多样。

一
按照品种分类

青花瓷根据品种可以分为白釉青花、色釉青花、青花釉里红以及青花加彩四种类型。

1 | 白釉青花

从名字可以明显看出，白釉青花是根据颜色来分类的。它的底釉颜色为白色，表面带有玉质的感觉，与其他青花瓷有很大差异。其他的青花瓷看上去并没有很白，表面也没有玉质的感觉。瓷器表面之所以会给人一种玉质感觉，是因为表面的色泽接近透明。白釉青花的底釉中含有少量的铁元素，在烧制完成之后，瓷器表面会形成一抹青色，釉层中带有无数的小气泡，看上去会给人营造出一种玉质的感觉。古时候其实并没有完全透明的釉，只有近代才出现无色透明的釉。

青花瓷的前身是青白瓷，白釉青花是青花瓷中出现比较早的品种，大概出现于十四世纪四五十年代的时候。烧制青花瓷并不是简单的事情，其制作工艺十分复杂，且对于技艺要求十分高。如果原材料上稍有一点差异，就可能导致烧制完成的青花瓷颜色出现很大差异。另外，烧制青花瓷的过程中，窑内温度的差异以及炉内的气体成分不同都会影响青花瓷的质量。从青花瓷的发展趋势上来看，青花瓷由最初的青色逐渐过渡成白色，而釉层也逐渐变得越来越薄。

不同时代烧制出来的青花瓷各具特征。青花瓷底釉气泡的多少，可以影响到青花瓷表面的质感；青花瓷的表面如果有气泡，则会呈现出玉质，我国元代与明代烧制的青花瓷大多数都有气泡。气泡的存在虽然可以让瓷器表面有玉质感觉，但是如果釉层中的气泡太多，会影响青花瓷表面的平滑度，严重时还会造成瓷器表面出现橘皮纹，明朝宣德时期的青花瓷就具有这一特点。

白釉青花瓷以洁白的胎色而著称，但是并非所有的青花瓷都能够有这种洁白的颜色。如果胎色不够洁白应该怎么办呢？古时候的人同样有技巧可以改变瓷器的胎色。比如唐代的人们为了改变胎色，会在胎上先涂抹一些化妆土，之后在为瓷胎上釉，最终烧制出来的瓷器就会比原来白上许多。清代初期，人们在制作青花瓷时，常用淘炼过的细泥浆，这种细泥浆在烧制过程中，会将颜色变为粉白色或者浆白色。烧制完成的青花瓷质地比较硬，因为釉色基本上为白色，所以这种青花瓷也可以叫作白釉青花瓷。

2 | 色釉青花

色釉青花的底釉上带有其他色泽，这种青花瓷主要出现在我国明朝与清朝。其实在生活中，有很多青花瓷的名字听上去好像带有一定的"色彩"，实际上这些听起来有"色"的青花瓷并非全部都属于色釉青花。例如：银釉青花、洒蓝釉青花、蓝釉青花、天蓝釉青花、哥釉青花、豆青釉青花、绿釉青花以及黄釉青花等，这些名字里带有颜色的青花瓷可以分为三种不同的类型。

　　洒蓝釉青花与蓝釉青花的名字中都带有颜色，但是它们却不属于色釉青花，而属于白釉青花。之所以名字中会带有颜色，只是因为采用了一些特有的装饰手法而已，与白釉青花并没有本质上的区别。

　　绿釉青花以及黄釉青花属于釉上彩与釉下彩相结合的品种。这种青花瓷最早出现在明朝宣德年间，当时人们在普通的白瓷上施上黄釉，之后再将施以黄釉的青花瓷低温复烧，最终展现在世人面前的釉色虽然与众不同，但是只要仔细观察，就不难看出在青花瓷上还有一些地方露着白釉。

　　哥釉青花与豆青釉青花，严格来说它们的出现早于白釉青花。早前考古学家曾经在宋代的一座古墓中发现了宋代的青花瓷碗，这是出现最早的色釉青花瓷。随着工艺的逐渐发展，元前期景德镇烧制的青花瓷的底釉颜色与白釉青花瓷的颜色并无明显的差别。到了清代，人们开始烧制豆青釉青花，一直到光绪年间，豆青釉青花瓷一直都有生产。由于这种青花瓷的底釉颜色都为青色，温润淡雅的颜色加上釉层中产生的气泡，让青花瓷表面看上去温润如玉，与众不同。哥釉青花出现在明朝万历年间，这种青花瓷上有灰色或黄色的纹片，到了明朝晚期，有不少工匠都喜欢仿制这种青花瓷。明朝晚期仿制的哥釉青花的瓷胎颜色为米黄色，烧制完成的瓷器的釉面上会带有褐色的开片。由于每个朝代制作工艺不同，各朝代的品质也有所不同，比如清康熙年间生产的哥釉青花呈现出米黄色或者黑灰色的纹片，而青花的颜色则是褐蓝色或者灰蓝色。

　　明朝晚期仿制的哥釉青花，多是采用化妆土，瓷器表面涂抹了化妆土的缘故，瓷器在烧制完成之后，瓷器的釉面会高出一块，颜色也呈现出白色。

3 | 青花釉里红

青花釉里红是青花瓷中一个极其特殊的品种，青花釉里红实际上可以拆分为两种器物：釉里红与青花同样都是釉下彩瓷器，无论是从装饰手法，还是在制作工艺上，几乎没有任何差异。不同的是它们的呈色剂：青花的呈色剂采用的是钴，而釉里红的呈色剂则是铜，当两者一起出现的时候，就形成了一个全新的品种——青花釉里红。

青花釉里红与青花一样，除了有白釉青花釉里红之外，同样还有色釉青花釉里红。青花釉里红的发展史与青花瓷几乎是一样的，早前考古学家在江西丰城一带发现了两件青花釉里红瓷器，这两件青花釉里红瓷器是迄今为止在我国发现的年代最早的青花釉里红瓷器，因为这两件青花釉里红带有"至元戊寅"（1338）的纪年铭。值得一提的是，它还是迄今为止发现的唯一的一个带有纪年铭的元代青花釉里红。这两件瓷器的颜色并不是纯正的红色，而是釉里带有红色，发色比较灰暗，这是由于当时人们的制作工艺还不是太成熟。

到了明代，青花釉里红的制作工艺就已经比较成熟。宣德年间生产的青花釉里红，多半都带有用楷书书写的"大明宣德年制"的落款。宣德年以后，青花釉里红除了官窑在生产之外，一些民窑也有少量生产，到了明朝正德年间，青花釉里红又有新的发展，当时制作出来的"指日飞升图盘"就是一个具有代表性的产物。指日飞升图盘中有一条用青花绘制的鱼。其间，用釉里红绘制出来的太阳和云彩十分夺目，虽然与青花之间颜色相差甚远，但是两者放在一起并没有显得突兀，反而色调十分协调。

△ 缠枝纹八棱葫芦瓶　明万历

高25.5厘米

　　青花釉里红经历了两个发展阶段，第一个阶段在元代。青花釉里红第一次被人们生产出来，由于色彩独特，很快得到世人的认可。明宣德年间青花釉里红迎来了发展高峰期，但是好景不长，到了明中期的时候，青花釉里红又再次迎来了自己的衰败期，到明朝晚期甚至完全停产了。青花釉里红的第二个发展阶段开始于清朝康熙年间，青花釉里红再次恢复生产，到雍正年间，青花釉里红迎来了发展的高峰期。

　　清朝初期的青花釉里红中的红发色十分稳定，颜色不仅鲜亮浓艳，还具有深浅不一的特点，十分有层次感。雍正年间青花釉里红处于发展鼎盛期，当时的青花釉里红的色彩也极具特点，青花带有晕散的现象，色彩也深浅不一，釉里红只是在青瓷上轻描淡写地出现，但正是这一抹红成了瓷器的灵魂，让它散发出生命力。

△ **青花缠枝莲纹大盘　清康熙**
直径38厘米

△ **青花缠枝莲盘　清康熙**

直径20.8厘米

△ **青花缠枝花卉大碗　清雍正**

直径29.3厘米

△ **青花缠枝花卉如意耳抱月瓶 清雍正**
高53.2厘米

△ **青花釉里红三果纹碗　清乾隆**

△ **青花釉里红桃形倒流壶　清乾隆**

高17.5厘米　直径13厘米

　　桃形倒流壶。足外撇，流与把塑成树枝状，叶与芽用堆塑并饰以釉里红及青花，近顶处有釉里红斑，表面再敷青釉，底有一孔，用以注水入壶。此类壶始见于明晚期，英国人称此为"卡多根茶壶"。

△ 青花折枝花果六方大瓶　清乾隆

高66.4厘米

4 | 青花加彩

　　青花加彩的烧制工艺与其他青花瓷略有不同，最大的特点是釉上彩与釉下彩相互结合，对应存在。青花加彩在烧制成型之后，在青花瓷的表面再加绘其他纹饰，将绘制完成的青花瓷重新入窑进行复烧，青花加彩就这样完成了。

　　青花加彩分为几种不同的类型，即青花单彩、青花双彩、青花三彩以及青花五彩。青花加彩根据制作手法的不同，可以分为点彩、添彩、染彩以及覆彩几种。也有一些陶瓷文献资料上记载斗彩，斗彩实际上也是制作青花加彩的一种装饰手法，这种手法采用了青花釉下彩与釉上彩拼斗完成，形成的图案与众不同。

△ **青花粉彩开光欧式花卉纹壶　清乾隆**

高15厘米　直径21厘米

　　圆鼓形壶身，圈足、直颈，壶及盖遍施白釉。壶身两面开光，开光之间用青花饰花草纹。两面开光内用粉彩绘牡丹花卉图。弯流和耳形把贴塑云水纹，青花点缀。宝珠钮盔式盖，盖面用青花两面开光，开光内粉彩绘欧式牡丹花卉。圈足用青花绘一圈花卉纹。

　　清代外销瓷上的欧式花卉，系中国画工参照当时欧洲流行的花卉植物印刷品，或按照客商提供的样品画稿摹绘，多运用西洋画透视技法，重写生、写实，强调阴阳向背、明暗变化，颇具立体感，显示出素雅、洁净的格调与中国花卉纹样热烈艳丽、繁缛饱满的风格相比，小巧、清秀的欧式花卉更适合欧洲贵妇和小姐们的欣赏品味。

△ **青花加粉彩三娘教子纹壶　清乾隆**
高18厘米　直径22厘米

　　鼓形壶身，直流、圈足，短直颈，斗笠盖附宝珠钮。壶肩和壶盖青花绘一圈装饰纹，壶身粉彩绘三娘教子纹。图中有人物、洞石、勾栏、花树。人物勾画生动，色彩靓丽。

　　每个时期的青花加彩都有不同风格，明朝青花加彩按器物的装饰风格可以分为永乐、宣德、成化以及万历四种。其中永乐时期与宣德时期的青花加彩的制作风格相对比较庄严，青花瓷的色泽也比其他时期的更加深沉。这个时期的青花瓷在制作手法上比较简单，但是配上了简练的釉之后，更显古典风格。宣德时期制作的青花加彩有单彩、双彩以及五彩三种，其中宣德五彩在关于早期陶瓷的文献中就可以找到相关的记载，但是一直以来人们都未曾见到过真正的实物。直到1985年，考古学家在西藏地区发现了两件宣德时期的官窑青花五彩莲池鸳鸯纹碗，它们的纹饰图案制作采用了釉下彩苏泥勃青，烧制完成的青花瓷碗表面有黑

△ **青花加粉彩花卉描金壶　清乾隆**

高18厘米　直径22厘米

　　圆鼓形壶身，直颈，壶的一侧设一圆直流，与其对应处设一耳形把。壶肩一圈青花花卉边饰，壶身用青花绘枝叶，用粉彩绘各种花朵并部分描金。盔式盖附宝珠钮，盖沿一圈青花花卉边饰，盖上青花绘枝叶粉彩绘花朵。整器造型端庄、制作精致。

斑，并利用釉上彩的方式绘制出了鸳鸯、慈姑、芦苇、莲花、浮萍等景物，青花瓷碗的制作精美，时至今日已是稀世之宝。

　　成化时期最有名的青花瓷莫过于"斗彩"青花瓷，这种青花瓷的制作工艺十分精美，纹饰图案清丽。制作成化斗彩的釉下青花，主要采用比较淡雅的国产青料，而釉上彩却有一二十种制作方法，每一件制成的青花瓷上都有好几种釉上彩。成化时期的青花瓷物件体积普遍偏小，每一件瓷器的制作工艺都十分精良，引得后人相继效仿。

△ **青花粉彩花卉壶　清乾隆**
高17厘米　直径22厘米
　　鼓腹，直流，耳形把，矮圈足，直颈，盔帽式壶盖附宝珠钮。壶身施白中闪青釉，壶身、壶盖均用青花勾勒花叶水纹，粉彩点缀牡丹。

　　万历年间的五彩，我们通常称为"青花五彩"，这个时期的青花五彩一改往常的清丽，变得浓艳热烈，画面十分鲜艳，色彩十分艳丽，艺术感染力颇强。清代的康熙时期，制作青花瓷的工匠们发明了蓝彩，"五彩"相继诞生。清代的制瓷业发展较为快速，青花加彩也有了不错的进展，新增了不少新品种。清代的青花加彩在制作工艺上已经发展得十分成熟，但是唯一不足的是，制成的青花加彩给人一种过分规整的感觉，缺乏了原有的灵气。

二
按照青料分类

　　青花瓷是中国瓷器市场上最流行的产品之一，制作青花瓷时，需要用含氧化钴的矿物作为染料，在瓷坯上描绘出精美的图案，在瓷器表面施上一层透明的釉，将瓷器送进窑中进行高温的洗礼，最终形成青花瓷。因为钴料在烧制完成之后会呈现出蓝色，并且这种用钴料制成的染料着色力极强，烧制完成的瓷器发色鲜艳，具有极强的稳定性，所以一直传世至今。

1 ｜ 苏泥麻青

　　苏泥麻青又被称为"苏麻离青""苏泥勃青"，这种青料是进口青料，它的原产地是索马拉（今伊拉克境内）。由于海上贸易逐渐发达，元朝和明朝的早期，制作青花瓷的主要青料就是苏泥麻青。当时景德镇所生产的青花瓷大多数都是用这种青料制成，发色比较凝重而且鲜艳，色性比较稳定。

　　苏泥麻青中含有少量的铁元素以及其他的杂质，用它制成的青花瓷颜色会呈现出深浅不一的色泽。表面颜色深的地方，呈现出靛色，表面还会出现黑色的斑点，这些黑色的斑点与铁锈的斑点十分相似；色彩比较浅的地方，颜色会呈现出天蓝色，色差比较大，制作而成的青花瓷却显得十分生动好看。

　　用苏泥麻青制成的青花瓷，靛色的部分带有黑斑，摸上去略微凹凸不平，但是并不影响青花瓷的美感，反而显得色彩入骨且泛起锡光色。这种钴料中的铁含量比较高，但锰含量相对较低，与国产的青料之间存在很大的差别。根据目前人们发现的所有的青花瓷物件来看，可以基本判定元代景德镇生产的青花瓷以及明早期洪武官窑、永乐官窑和宣德官窑中生产的青花瓷全部都是采用了苏泥麻青作为青料。

2 | 平等青

平等青又被称为"陂塘青"，这种青料的主要产地在江西乐平。明代成化时期到嘉靖中期，景德镇的官窑烧制出来的青花瓷一直都在使用这种青料。用平等青烧制出来的青花瓷，色彩比较淡雅，且色泽清亮，独特的色彩也让平等青名声大噪。其实，在平等青盛行的年代里，也有不少民窑在烧制青花瓷时同样使用平等青，只因它拥有与众不同的颜色。不过这种青料的使用时间并不是很久，只有明晚期以及正德早期有人使用，其他时期很少见到使用这种青料制成的青花瓷物件。

3 | 石子青

石子青又被人称作"无名子"或者"石青"，这种青料主要产于我国的江西上高、高安以及宜丰一带。在明代初期，景德镇的民窑中常常可以见到有人用石子青烧制青花瓷，后来到了正德年间，人们开始用石子青烧制官窑青花瓷。石子青烧制出来的青花瓷，最大的特点就是发色比较浓郁，发色中还略带一些灰色。

△ **青花海水暗八仙纹碗　清康熙**

△ **青花江畔高士图长颈瓶　清康熙**

高24.6厘米

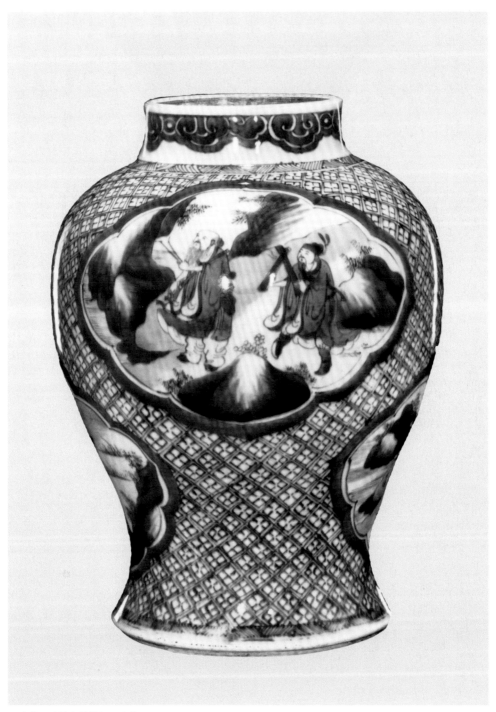

△ **青花八仙故事纹花觚 清康熙**
高45.5厘米

△ **青花开光八仙人物将军罐　清康熙**
高34.5厘米

△ 青花八吉祥纹抱月瓶　清乾隆

△ **青花饮中八仙故事笔筒　清乾隆**
直径17.5厘米

△ **青花暗八仙纹折腰碗　清道光**

　　明代嘉靖皇帝在位期间，中国的制瓷业发展比较迅速，当时有不少工匠们都会利用奇思妙想去发掘更多烧制的方法。当时官窑中有工匠在烧制时不仅使用石子青作为青料，还在石子青中添加少许回青，两种青料结合在一起。这样烧制成的瓷器表面会呈现更好的青色。嘉靖、隆庆以及万历年间生产的官窑青花瓷基本上都使用了石子青掺入回青调配成的青料。

4 | 回青

　　回青不是国产的青料，而是从阿拉伯地区进口的一种青花色料，明朝的正德、嘉靖、隆庆以及万历时期，景德镇的官窑使用的基本上都是这种色料。最早的回青并不是用来制作青花瓷用的，而是画家作画用的染料。回青主要生产地在铜矿附近，因此含有大量的铜的氧化物。利用回青制成的青花瓷上，常常会有一些暗花的纹饰，而且瓷器的口沿和底足的部分，常常会出现酱褐色的釉色。发色蓝中带紫，与平等青和苏麻离青十分不同。

△ **青花云龙纹兽耳罐　元代**
高38厘米

△ **青花八卦云鹤纹碗（一对）** 清光绪

直径13.5厘米

△ **青花缠枝花卉纹大罐 清光绪**

高39厘米

5 | 浙青

浙青名字的由来主要跟其产地有关系，它的产地主要是浙江。浙青是所有国产色料中比较上乘的色料。浙青的获取方法与其他色料的获取方法有所不同。普通的青料在获取时通常采用水洗的方法，而浙青的获取方法则是煅烧。所以利用浙青烧制而成的青花瓷，青色会显得更加明快，而且色彩也相较于其他青料更加稳定。

从明万历年间开始，中国的官窑所生产的青花瓷，基本上都在使用这种青料。浙青的使用年代十分长，从天启年间开始，历经崇祯，再到清朝的顺治、康熙、雍正、乾隆、嘉庆、道光、咸丰、同治、光绪以及宣统年间，基本上都以浙青作为青料。

6 | 珠明料

珠明料的产地在云南地区的宜良、会泽、宣威等地，获取方法主要是煅烧钴土矿，所以珠明料中的钴成分含量极高。珠明料是康熙时期景德镇瓷窑中烧制青花瓷时使用的最主要的青料之一，用珠明料烧制而成的青花瓷，颜色格外青翠。这是由于在提取此青料的时候，所需工序十分复杂：首先要经过选洗，之后将选好的青料进行分色，再将这些青料进行煅烧，接着将煅烧完的青料进行粉碎，经过仔细的研磨之后，在青料中再添加少量的清水调匀，最终形成珠明料。

珠明料由于颜色独特，所以一直到今天，都是生产青花瓷的主要青料之一，也是人们判断青花瓷生产年代的主要依据之一。

7 | 化学青料

所谓的化学青料，实际上就是利用化学制品氧化钴制成的青料。这种青料主要是用于配制蓝釉以及绘画所用到的色料。化学青料其实有两种，一种是提纯后的氧化钴，另一种则是钴土矿。我国古代多采用钴土矿，随着现代工艺越来越发达，人们采用更先进的手段对钴土矿进行提纯加工，得到了氧化钴。

钴土矿的主要产地位于浙江、云南、广东、江西、广西等地。钴土矿的色泽并不耀眼，很难让人联想到青料的颜色。钴土矿呈现为黑色的颗粒状，早期的制作方法主要是淘洗。到了明朝晚期，制作青料的工艺逐渐发达，制作方法也改为煅烧。经过煅烧的钴土矿，其中的杂质会更少。经过仔细的研磨，加水进行调匀，最终就得到了绘制青花瓷图案的青料了。

利用这种青料制成的青花瓷，如果不罩釉的话，花纹会呈现出黑色。有工匠喜欢将这种青料掺入到釉中使用，这样就形成了蓝釉。青料中含有大量的钴氧化物、铁氧化物以及锰氧化物，而烧制完成的青花瓷中的青色，主要是因为钴成分的存在。有资料文献记载，在我国历史上，元代和明代的景德镇在烧制青花瓷的时候都曾经采用进口青料，比如说永乐和宣德年间的官窑都曾使用外国的苏麻离青，而正德和嘉靖年间的官窑中使用的回青同样也是进口的青料。进口青料与国产青料的最大区别在于进口的青料铁钴含量较高，锰钴的含量较低；而国产的青料，铁钴的含量较低，锰钴的含量较高，因此两种青料烧制出的青花瓷的颜色会有很大的区别。

三
按照装饰技法分类

青花瓷的装饰技法有很多种，根据不同的装饰技法可以将青花瓷分为：青花类、青花釉里红以及青花叠彩三种。

1 | 青花类

青花泛指白底带有青花的瓷器，"青花"二字似乎已经成了这类瓷器的泛称。青花瓷的制作方法主要是在已经成型的瓷坯上，利用青花料绘制成各种好看的图案和花纹，然后在青花瓷的表面施上一层透明色的釉。接下来是最关键的入窑烧制环节，只有送往温度高达1 300℃的窑中炼制才算完成，最后得到了釉下彩。

△ **青花花卉纹菱口盘　明永乐**

直径38厘米

△ **青花缠枝花卉纹碗 明宣德**
直径19.5厘米

青花瓷最大的特点莫过于瓷器自身鲜艳明快的颜色。白色和蓝色本就明亮，结合在一起对比效果更加鲜明，且古朴典雅。亮点汇聚一身的青花瓷从元晚期开始到今天都是瓷器生产中的主流产品。青花瓷的制作历史非常久远，从最早发现的青花瓷上的彩绘工艺来看，有关学者认为青花瓷已经有超过千年的历史。

△ **青花缠枝莲花卉大碗 明宣德**
直径30厘米

△ **青花人物故事梅瓶　明正统**
高33厘米

△ **青花麒麟纹大盘　明正统**

△ **青花云龙纹大缸　明正统**

△ **青花人物壶　明天启**

高26.5厘米　直径21.5厘米

　　圆鼓形壶身，小直口，高提梁，长弯流，盖为拱形附宝珠钮，壶口和近足处各绘两道弦纹。壶身通周绘高士访友和饮酒图。人物有两长者和两孩童。周围饰以雕栏、洞石、云彩。人物纹饰生动逼真，层次极为清晰，线条飘逸流畅，青花色调淡雅。此壶为明末难得一见的精品，原系一日本藏家所藏。

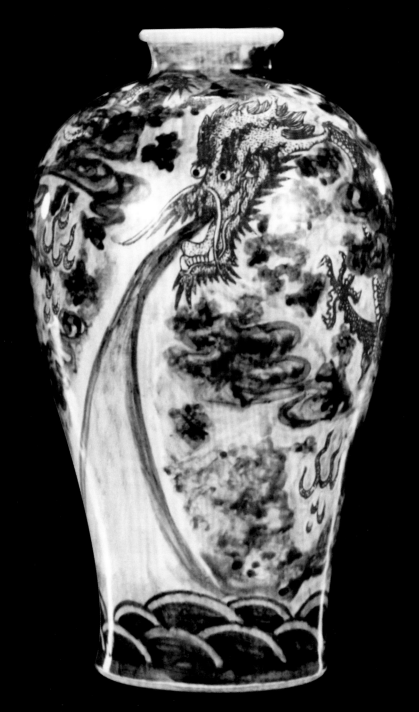

△ **青花釉里红云龙纹梅瓶　清乾隆**
高32.5厘米

2 | 青花釉里红

青花釉里红是众多瓷器物件中典型的釉下彩品种，也被人们称为"青花加紫"。青花釉里红与其他青花瓷最大的区别在于，后者色彩比较绚丽。在制作的过程中，工匠们会采用铜红在瓷胎表面绘制纹饰，烧制完成之后会呈现出非常艳丽的色彩。

青花釉里红从元代就已出现，由于当时的制作工艺水平尚欠，所以烧制成功的青花釉里红数量十分稀少，存世的元代青花釉里红也被人们视为古瓷的珍品。青花釉里红实际上结合了青花瓷和釉里红两种瓷器的做法。两种瓷器制作工艺相结合，最终成就了独特的青花釉里红。

△ **青花釉里红山水纹倒流壶　清道光**

高15厘米　直径16厘米

桃形倒流壶。足外撇，弯流，耳形把，表面敷青釉，叶与芽用堆塑并饰以釉里红及青花，壶身多处用釉里红点缀树叶、桃子、门窗，底有一孔，用以注水入壶。此类壶始见于明晚期，英国人称此为"卡多根茶壶"。

青花釉里红烧制过程中需要的条件十分苛刻，并不是每一次烧制都能够获得成功。绝大多数的烧制都无法得到理想的青花釉里红，与青花瓷相比，青花釉里红在加工过程中十分敏感脆弱。所以历朝历代的青花釉里红产量都很低，而且品种也远远不如青花瓷多。青花釉里红相比青花瓷有一个优点，就是它独特的红宝石色泽，仿佛与生俱来的富贵感。

3 │ 青花叠彩

青花叠彩的装饰手法实际上与斗彩和青花五彩都十分相似，青花叠彩同样是釉下彩与釉上彩的结合。制作青花叠彩时，需要先在瓷胎上用青花画出主题图案，之后施以透明色的釉，并进行烧制。烧制完成之后，再在青花瓷的表面绘制出辅助的题材，最终将制作完成的青花瓷再次入窑低温烧制，青花叠彩的制作就完成了。

青花叠彩主要采用了两种制作工艺：一种是釉下青花，另一种则是釉上褐彩，其中釉下青花的作用是成为绘制纹饰图案的主要色调，而釉上褐彩的作用是为了点缀主题。青花叠彩与斗彩以及青花五彩最大的不同之处在于，青花叠彩通常都采用了两种色彩进行图案绘制，绘制出来的图案拥有两种不同的主题，画面更有立体感。由于釉下青花与釉上褐彩两种不同的工艺，汇成一起之后会有层次分明的感觉，艺术效果比其他瓷器更好。斗彩与青花五彩在制作的时候，则是采用了多种颜色进行图案的绘制，绘制出来的图案虽然精美，却只有一个主题。

青花叠彩的绘制过程中，主要以釉下青花为基本色调，绘制的图案中，先用蓝色的釉下青花描绘一遍，之后上釉进行高温烧制。最终在烧制完成的青花瓷上，用釉上褐彩绘制其他辅助的题材，再入窑进行低温烧制。这样一来，青花叠彩中就形成了相异的两个主题，就装饰效果来看，青花叠彩相比其他瓷器效果更加出众。

青花叠彩主要选用了进口的苏麻离青作为青料，烧制完成的青花叠彩会呈现出宝石蓝的颜色。因为苏麻离青在烧制完成之后，表面会形成少量的黑斑，会有少许的晕散效果，更加适合用于人物和山水的描绘。青花叠彩在制作时，主要使用透明的白釉，瓷器的釉面十分细腻，胎体相比其他瓷器也更加轻薄。青花叠彩在制胎的时候，会采用淘炼比较精细的胎土制胎，而底足上则不上釉，但是会有一些细小的釉斑，底足没有施釉的地方会出现大片的铁石红色。

四
按照款识分类

青花瓷的款识指的就是瓷器上的题记，款识大体可以分为纪年款、吉言款、赞颂款、纹饰款以及堂名款几种类型，其中纪年款是最为常见的一种。

1 | 纪年款青花瓷

纪年款青花瓷指的是用刻、印、写等方法，在瓷器的表面标明瓷器的烧制年代的款识。古代制作瓷器时，常在瓷器上标上生产的纪年，这样可以用于记录烧制的年代。纪年款常以生产年代的帝王年号作为年款，或者使用天干地支来标明生产的年号。大规模出现带有纪年款瓷器的年代是明朝的永乐年间，当时的纪年款通常都采用篆书记录，篆书的字体比较均匀整齐，而且永乐时期的纪年款上，往往会在款式的周围用边饰莲瓣纹进行装饰。宣德款与永乐款就有所不同了，宣德款比较端庄刚劲一些，而成化款则讲究铁画银钩，嘉靖款的笔画比其他的纪年款款识更加粗重，但是却不失秀雅。鉴于每个年代的款识都有所不同，后人们常常将其总结为："宣德款多、成化款肥、弘治款秀、正德款恭、嘉靖款杂"，用每个年代款识的特点加以总结，这样在判断的时候就会更加方便。

　　纪年款根据款识的内容，可以分为帝王年号、干支纪年、朝代年款和随意年款。

　　帝王年号款识。这种年款采用了皇帝的年号作为铭款，最早发现的带有款识的青花瓷出现在元代，当时的纪年款上写的是"至元"。大家看到这个款识的时候，就知道这个青花瓷生产于至元时期。后来款识发展得越来越细致，内容更清楚，比如"永乐年制""大明宣德年制""正德年制""大清康熙年制"等，我们可以借此一眼辨认其生产年代。有些款识上甚至会直接标明瓷器的具体生产年代。

　△ **青花九秋纹罐　明成化**

干支纪年。这种年款采用了中国特有的纪年历法，天干与地支两两相叠，六十年为一个"甲子"去标记款识。利用干支纪年的方法去制作款识，青花瓷上所标记的款识会更加清楚精确（可以精确到青花瓷生产的具体年份），比如"乙巳年制"或者"大清丙午年制"等，相比帝王年款更加准确。

朝代年款。这种年款只能够模糊地记录青花瓷所生产的朝代，并不会标注有皇帝的年号，所以在判断青花瓷的具体生产年份会十分困难。比如"大明年造"或者"大清年制"，这样的都属于朝代年款，因跨越的时间间隔较大，想要通过这样的款识去判断具体生产年份就必须要掌握更多青花瓷的知识。只标注有朝代年款的青花瓷，通常是民窑生产的瓷器。在民窑工作的工匠基本上只知道自己身处在什么朝代，而不清楚自己具体生活在哪个年代，对于当时执政的皇帝也一无所知，所以他们在生产青花瓷之后只标记朝代年款，这样就不至于出现大的差错。

随意年款。这种款识通常都不是作为记录瓷器生产年代之用的，多是标记瓷器的用途。比如说私人订制、诗文题字的时间又或者是在佛前供奉等，所以这种款识标记得十分随意。

2 | 吉言款青花瓷

吉言款指的是带有吉祥寓意的款识，这种款识是民间的青花瓷中最常见的一种款识，大多数的吉言款都是采用行草作为书写的字体，款识上的文字洒脱且飘逸。一般吉言款都是写一些对幸福生活向往的语句，比如"福寿康宁""万福攸同"或者"长命富贵"等语句。

青花瓷上的吉言款内容丰富，历史悠久。明清时期的青花瓷上采用吉言款的比比皆是。吉言款中不仅有寓意幸福的语句，同时还有常见的带有吉祥寓意的单个文字，比如"喜""吉""寿""福""宝""贵"等单字款，当然还有"玩玉""福德""雅玩""积善""美器"等双字款，此外还有四字吉言款，例如"天下太平""金玉满堂""长命富贵""三元及第""长春同庆""国泰民安""吉祥如意""福山寿海"等。另外还有六字吉言款以及八字吉言款等吉祥的语句。吉言款不仅是人们对幸福生活的祈求，而且还可以让人们欣赏书法之美。

△ **青花长寿壶　清光绪**

高17.7厘米　直径12厘米

　　上窄下宽圆桶形壶身，弯直流，环形把，壶嘴设一铜舌，既可挡茶叶流出又可阻灰尘。壶把和壶盖、壶舌用铜链相连。壶身以青花书楷书"长寿"二字，青花发色淡雅，字体娟秀工整。壶腰处一圈青花双勾回字纹。嵌进式圆弧盖配桥式钮。壶底书"崇德堂制"青花款。

3 | 赞颂款青花瓷

赞颂款与其他款识的作用不太一样，主要用来表达人们对青花瓷的喜爱之情，通常采用的赞颂款有"今古珍玩""玉石宝珍""昌江美玉"等。还有一种比较有趣的赞颂款——"哥瓦弟玉"。"瓦"是指陶器，陶器的历史比瓷器的历史要更悠久，瓷器的表面又与玉石十分接近，所以将瓷器比作"玉"，意思是将陶器称作成瓷器的大哥。

除此之外，赞颂款还经常出现唐诗、宋词以及元曲或者名人的辞赋作为装饰，人们可以在欣赏瓷器的同时去品味名人的诗文，还可以欣赏中国的书法艺术，一举二得。这种款识主要出现在唐代的长沙窑以及宋元时期的磁州窑。赞颂款在明清又有了新的发展，当时诗句常常被人们作用装饰人物、山水以及花鸟纹饰之用，让书画真正融为一体。常见的花鸟秋叶画的青花瓷上常常会出现题有"一叶得秋意"等语句，有的瓷器表面还会书写长篇的辞赋，比如诸葛亮的《出师表》、王羲之的《兰亭序》或者是苏轼的《赤壁赋》等，题材多样。

4 | 纹饰款青花瓷

纹饰款又被称为"花样款"。中国民间的青花瓷多采用了比较简练的图案去修饰瓷器的底部，这种属于款识中比较特殊的一种类型。这种款识与篆刻中的"肖形印"之间有着异曲同工的效果，款识中有暗八仙、八吉祥以及博古图等多种图案。还有一种"豆干款"与众不同。这种款识主要采用了菱形的框架结构，与我们当今生活中的高楼大厦有一点相似，这种款识其实只是民间制瓷的作坊的一种记号，也被人们叫作"花押"。

　　纹饰款中也有不同的分类，按照款识不同风格大致可以分为"记号""花样""花押"三种款识。这种款识与文字款识最大的区别在于装饰性极强，所以也深受老百姓的喜爱。其中花押款款识主要由不同的线条所组成，线条组成的图案具有一定的内涵和寓意，但是很少有人了解究竟蕴藏哪一种内涵和寓意。另外，还有的款识是简笔画，将一些图案用简练的线条勾画出来。一般来说，勾画出来的图案通常都是一些带有吉祥寓意的植物或者动物，例如灵芝、海棠、寿桃、兰花、龟、鹤、鹭等。

△ 青花高士图梅瓶　明天顺

△ 青花波斯文三足炉　明天顺

△ 青花岁寒三友大罐　明景泰

△ 青花人物故事大罐　明景泰

△ 青花缠枝莲纹荷花口双耳瓶　明成化

高27.3厘米

△ **青花栀子花盘　明成化**
直径29.5厘米

△ **青花荷塘龙纹碗 明弘治**

△ **青花缠枝花卉龙纹大盘 明嘉靖**

直径77厘米

△ **青花花鸟纹天球瓶　清雍正**
高34.7厘米

5 | 堂名款青花瓷

堂名款主要是指人名或者是堂名，是私家收藏的重要标志。一般来说，带有堂名款的青花瓷都是制作比较精良的作品，具有很高的收藏价值。

堂名款中的堂斋一般都是一些达官贵人的府邸厅堂，或者是一些知名文人的书斋名号。这种款识表明了一个瓷器过去是谁的所有物，表明青花瓷所有人的身份。根据目前人们掌握的资料，明朝嘉靖年间，民窑中就已经出现了私人订制款的瓷器。明代比较有名的堂名款有青萝馆、雨香斋、白玉斋、芝兰室、松柏草堂、博古斋等，到了清代之后，这种款识更加流行。清代带有堂名款的瓷器不仅仅局限于民窑，就连一些官窑中也开始制造堂名款的青花瓷器了。比较有名的款识有古香书屋、吉庆堂、中和堂、大雅斋、彩云轩、文山阁、水云居、挂月山庄、佰福楼、退思堂、玉兰斋、杏林轩、云苍阁等。

五
按照造型分类

青花瓷的造型主要取决于工匠的技艺水平，同时也取决于人们的审美意识以及使用目的。早期的青花瓷完全都是根据人们生活的实际需求去制作，但是随着时间的推移，人们渐渐对青花瓷的需求不仅是使用，更多的是在青花瓷上寄托着自己的审美情调。所以，后来人们制作青花瓷的时候，不仅仅要考虑其实用性，更加要考虑其美观性。元朝中期，青花瓷的制作工艺逐渐趋于成熟，造型逐渐丰富起来，制作风格逐渐精细。

1 | 玉壶春瓶青花

北宋时玉壶春瓶就已经出现了，其造型独特，整个瓶身呈现出左右对称的两个"S"形，瓶子为敞口型。玉壶春瓶颈部纤细，腹部圆润，造型优美。

元代的玉壶春瓶沿袭了宋朝的制作风格，敞口、细颈以及圆腹的特点都与宋代极其相似。元末，玉壶春瓶的造型有所改变——腹部肥大，颈部粗大，与此前生产的玉壶春瓶的造型存在很大差异。元代的玉壶春瓶中还有一种八方形的，这种类型的玉壶春瓶棱角分明，造型挺拔，瓶身上的图案多采用四季花卉或者双狮戏球的题材。

等到明代，玉壶春瓶的造型又有所改变——腹部更加粗大，颈部长而粗，瓶体重心下移，比过去生产的玉壶春瓶更加稳重。

清代所生产的玉壶春瓶主要还是效仿明代的款式，造型十分相似。但也有一部分清代生产的玉壶春瓶没有效仿明代的款式，而是另辟蹊径生产出了一种瓶身比较粗壮且大敞口、笨重感十足的款式。这种造型的玉壶春瓶上的纹饰多采用了竹石芭蕉为主题。

△ 青花海马纹玉壶春　元代

△ 青花竹石芭蕉纹玉壶春瓶　清乾隆

2 | 高足杯和高足碗青花

青花瓷的器型有很多种，其中高足器型的更是形式多样，高足杯、高足碗、高足钟、高足盏等。

元代的高足杯并不是一体的，而是分为两个部分，即杯身与杯足。元代的青花高足杯的杯身与折腰碗的造型有些相似，但是不同之处在于，高足杯与折腰碗的圆弧的弧度以及折角相比不明显。高足杯的杯足呈现上窄下宽的喇叭形，有的还会被制成竹节的形状，此外青花外影青以及龙泉青瓷也有类似的造型。

△ **青花凤纹高足杯　明宣德**

元代的青花高足杯的外侧还画有龙纹或者花卉，有些高足杯的内部还写有诗句。还有一些高足杯的造型比较新颖，在高足杯的下方还配有一个承盘，在承盘的中心处有一个空心的管柱，而高足杯被放在承盘上后，高足杯下方会有一个榫，这个榫与管柱之间是配合使用的。当高足杯放在承盘中的时候，榫与管柱相结合可以使高足杯四处转动，这种高足杯还被称为"转杯"。

早在明朝早期就已经有瓷窑开始烧制青花高足碗了，当时高足碗算是比较常见的一种器物。一般青花高足碗的口径在15厘米左右，一些小口径的高足碗口径约11厘米左右，此外一部分大口径的高足碗的口径约为17厘米左右。宣德年间的高足碗的纹饰通常采用了凤凰、仕女、牡丹或者是藏文作为纹饰的主题。有少量的高足碗还带有盖，但这种高足碗并不常见。

3 | 罐类青花

罐类青花瓷是元代青花瓷中最为常见的一种，罐类青花瓷的器型分为大小两种，其中大的器型分为肥和瘦两种类型，而小的器型多为四方体，多外销至东南亚地区。大器型、肥罐型的口径都非常大。肥型罐的造型通常为溜肩，肩以下型开始变广，一直扩展到罐的腹部，达到最大。器身整体看上去矮肥，造型憨厚。而瘦型罐的口径通常都不会大于足径，罐颈比较短，与肥型罐一样，都是溜肩的造型，器身形状比较细长。还有少数的瘦型罐的肩下会贴有一双兽耳。

到了明代，青花瓷罐的数量越来越多，而且造型也变得更加多样化，常见的有敞口罐、瓜棱罐、壮罐、梅瓶罐以及出戟法轮罐。这些青花瓷罐在明代不仅官窑在生产，就连民窑也在生产。一般来说，官窑生产的青花瓷罐的器型都比较高大，有一些大器型的青花瓷罐甚至可以高达二尺。到了明后期，青花瓷罐已是司空见惯的寻常器物了，器型不如此前的高大。明末时期的青花瓷罐高一般都在10～20厘米，有的甚至还会更小一些，是人们用来装茶叶用的，作为嫁娶时互相馈赠茶叶所用的器具。

清初，有一种带盖的大型青花瓷罐，瓷罐上的盖子和战场上将军们佩戴的头盔酷似，因此得名"将军罐"。这种青花瓷罐最早出现在明后期，一直到清初才开始大量生产。顺治时期生产的青花瓷罐的器型比较粗壮，有的青花瓷罐上可以见到火红色的窑红，少部分的罐上还带有锁孔。康熙时期制作的青花瓷罐都是直口的，腹部下方呈现出向内凹的弧线。雍正时期的青花瓷罐，盖顶宝珠的形状比较扁平，乾隆时期生产的青花瓷罐的罐口向外撇，胎体也比其他时期的更薄一些。

◁ **青花通景山水纹圆腹盖罐　清康熙**

通高36厘米　口径10.3厘米
底径6.6厘米

器型规整，画工精细。盖作宝珠纽，拱圆面，菱花口折沿，子口；罐，直口，短颈，圆弧肩，圆鼓形腹，胫渐收，平底，圈足。胎白质坚，施浆白釉。盖内沿、子口和罐口内边露白细砂胎。青花绘通景山水人物纹饰，远山、近水、楼阁、洞石、宝塔，形成一幅生动的山水人物图。青花呈色淡雅，盖钮涂青花；盖面、罐肩和胫部饰莲瓣形开光，各开光边饰绘蔓草纹边饰，开光内绘蓝地白折枝梅花纹，或折枝牡丹花纹和山水人物图。底落青花新叶款。

△ **青花折枝西番莲盖罐　清康熙**

通高46厘米　直径7.5厘米　底径6.6厘米

　　盖作莲子纽，拱圆面，折沿，子口；罐，平圆口，高直颈，圆弧肩，鼓弧，下腹渐收；高胫下张，二层台圈足。胎白坚致，施浆白釉。盖内沿和罐内口边露白细砂胎，青花绘饰纹样，呈色青中泛灰。盖钮涂青花，罐颈饰折枝花卉，盖面作四扇形开光，身部以曲折纹边饰三层莲瓣形开光，各开光内绘卷枝西番莲花卉纹。底款落青花叶纹。

△ **青花开光仕女罐　清康熙**

通高21.5厘米　直径17.5厘米　底径6.6厘米

　　宝珠盖钮，盖面圆拱，折沿，子口，直颈，鼓圆腹，足胫凸箍，缓坡形圆座，平底挖圈足，胎白质坚，施浆白釉，盖里和罐内口边露白细砂胎，青花绘纹饰，呈色蓝艳，盖钮涂青花，盖面、肩和胫部绘莲瓣形开光折枝花卉纹，颈部和座面绘折枝花卉纹，足箍绘同心圆边饰，腹部作多个六边形开光，开光内绘仕女赏花图和盆景图。

4 ｜ 碗和杯类青花

　　杯和碗是生活中最常见的餐具。现代社会中的碗和杯差距比较大，而青花瓷中的碗和杯却十分相似，没有严格的区分，通常都是人们按照自己的生活习惯去使用。

　　明清时期，最常见的就是莲子碗。莲子碗最早出现在明初。永乐和宣德年间生产的莲子碗造型比较独特，碗的圈足造型极小，碗口比较直而碗的腹部内敛。整只碗的造型就好像是莲蓬一样，所以人们形象地将这种碗称为"莲子碗"。到了明中期，莲子碗的造型也开始出现了变化，不像以往的小巧造型，碗的足径也大了起来，胎体也比以往更加轻薄，圈足更加内敛。

　　明代比较流行一种叫作"净水碗"的青花瓷碗，这种碗在清代也有生产，

△ **青花及第有望纹杯　清雍正**

通高5.0厘米　口径10.3厘米　底径6.6厘米

但一般都是民窑生产。这种碗的器型为侈口，碗的腹部为圆腹。在碗的下方还配有高足底座，有的碗上还会标有供养人的名字。正德时期最具代表性的碗是一种叫作"宫碗"的碗，这种碗在正德时期普遍被宫廷所用。碗的器型为敞口，而且腹部比较鼓，虽然别的朝代也有，但是数正德时期生产的最为出名，所以也被人称为"正德碗"。在明早期的时候，生产的碗一般口径都比较大，成化时期之后，碗的足径逐渐开始变小，底足开始变得内敛。这种造型的碗，就是明代早中期最具代表性的青花瓷碗。

△ **斗彩螭龙纹杯　明成化**

△ **青花岁寒三友碗　明万历**

明代制瓷业手工艺比较发达，尤其是永乐年间，制瓷业更加兴盛，所以当时制瓷的工匠们也会发挥奇思妙想去制作一些造型新颖的瓷器，青花压手杯就是永乐时期的产物。青花压手杯的器型很小巧，杯子的口径大约有三寸左右，从杯子的口沿一直到杯子的底足，胎骨逐渐变得越来越厚。用手拿起杯子之后，杯子的口沿正好压在手的虎口位置，所以这种杯子被称为"压手杯"。万历年间曾有工匠仿制压手杯的器型，但是制作出来的压手杯的尺寸却比之前的要略大一些。一直到了清末，这种压手杯逐渐演变成了大碗的形状。清代时期模仿压手杯制成的

△ **青花万寿无疆碗　清乾隆**
直径18.2厘米

△ **青花缠枝牵牛花纹碗（一对）**　清道光

青花瓷器造型多样，有的器型很矮，被人称为"马铃式压手杯"。到了后来压手杯的器型逐渐走样，碗口也变得越来越大，碗底矮而阔，造型与草帽十分相似，所以被人称为"草帽碗"。

5 ｜ 笔筒类青花

最早出现笔筒的时间在明末，笔筒的造型有撇口型、竹节型、束腰型以及直筒型四种类型，这个时期的笔筒除了造型各有千秋之外，还分为口沿施釉以及口沿露胎两种类型。口沿施釉的笔筒的釉色分为粉白色和绛紫色两种，其中绛紫色的釉色是生产比较早的笔筒，一般笔筒的制作风格都带有一些明末清初的味道。口沿位置没有施釉的笔筒，大多数口沿的位置上都带有一些小沟槽，这样的笔筒通常都没有底釉，但是会有圈足。

　　明末时期制作的青花瓷笔筒经常会配有漂亮的图案和纹饰，还会配有与图案相呼应的文章。康熙年间所生产的青花瓷笔筒上则常常会见到用楷书书写的长篇文章，比如：《归去来辞》以及《赤壁赋》等文章。这些书写在青花瓷笔筒上的长篇文章，书法行云流水，足见题字的人书法功底有多么深厚，像这种彰显书法精髓的青花瓷笔筒，后世再也没有谁能够烧制出来，后人都无法效仿。

△ 青花开光人物故事图笔筒　清康熙

直径17.5厘米

清末民初，仿制的青花瓷笔筒越来越多，但是这个时期的仿制品做工并不细腻，而且胎质也十分粗松，根本无法与前代生产的青花瓷笔筒相提并论。最主要的是，就连釉面也没有康熙时期青花瓷那样亮。仿制的笔筒上多采用人物图案作为装饰主题。

△ **青花山水风景图笔筒　清雍正**
直径20厘米　高16.4厘米

第三章

青花瓷的市场价值分析

一
青花瓷市场价值的判定标准

　　无论是收藏青花瓷还是投资青花瓷都与其市场价格有着密不可分的联系，尤其是一些刚刚入行的人，对青花瓷的价格变动更是十分关注。其实判定青花瓷的市场价值标准很简单，主要从青花瓷的形制、胎釉、发色、纹饰、款识以及底足去判断即可。

◁ **青花加矾红彩描金壶　清康熙**

高29厘米　直径26厘米

　　上小下大锥形壶身，长弯流，壶身设一耳形把，足内凹，拱形盖附宝珠钮，盖沿和壶沿各绘一道弦纹。器型端正，壶体与壶流、壶柄比例适度，和谐统一，端庄大方。釉面肥润呈青白色，青花绘洞石、竹纹和牡丹枝叶。青花发色幽菁淡雅。矾红彩绘牡丹和竹叶并描金。花卉兼工带写，线条细腻流畅。

△ **青花凤穿过枝牡丹花纹军持　清康熙**

高25厘米　宽15厘米

　　折沿，长颈，鼓圆腹，乳状流，平底浅圈足。胎白质坚，施浆白釉。青花呈色浓艳，鲜蓝青翠，明净艳丽，清朗不浑，肩部绘折边纹，乳流口边绘弦纹，中壁饰折枝花卉纹；器肩绘曲折纹边饰，腹部通景满绘凤穿过枝牡丹花纹至颈部。

△ **青花飘影莲瓣形开光山水人物盖瓶　清康熙**

通高62厘米　口径10.3厘米　底径6.6厘米

　　盖作葫芦钮，高拱圆面，折沿，子口；罐，洗口，圆鼓形颈，弧肩，鼓弧腹，腹下渐收，高胫下张，二层台底，胎白质坚，施浆白釉。盖内沿、子口和罐内口边露白细砂胎。青花绘纹饰，呈色翠兰。盖钮涂青花，折沿饰席纹，罐口、胫部绘曲折纹边饰；盖和颈部各绘一层飘影莲瓣开光，器身饰四层飘影莲瓣形开光，开光内分别绘深山访友、寒江独钓等画面。底落青花叶纹款。

△ **青花六开光山水人物盖瓶　清康熙**

通高48厘米　口径10.3厘米　底径6.6厘米

　　器型规整端庄典雅、台阶底修足规整、胎质洁白细腻呈糯米胎、树叶款。煅烧法的浙料发色浓艳、深沉不飘浮。山水人物的绘画浓淡层次分明、墨色渲染远山近水人物尽收眼底，瓶身六开光组成6幅美丽的风景画，分别描述了古人不辞辛苦翻山越岭去探亲访友、为了招待远道而来的亲朋好友去深海捕鱼等场景，生动地描绘了古代的人间仙境。

△ **青花缠枝璎珞纹四方壶　清康熙**

高16.5厘米　长17厘米

体积硕大，直身方形，平底四角有曲尺形足。四方长弯流，流上两边各绘一蝙蝠纹。方颈方盖，附一对金属提梁。壶身四面开光绘青花缠枝璎珞纹，青花为典型的国产珠明料，青花色泽明快翠蓝，紧贴胎骨，混水层次丰富，四面方框边饰为云纹。璎珞纹是明清瓷器常见的纹饰，由珠玉串成的装饰物演变而来。

1 ｜ 形制

青花瓷的形制具备时代感，不同年代生产的青花瓷各不相同，社会经济、风俗习惯、文化旨趣、思想潮流，都是可以从形制中读出的信息。因此，形制成了人们了解其历史背景的绝佳窗口。在中国广袤的版图上分布着大大小小的烧制瓷器的窑口，每一个地方、每一个窑口生产出来的瓷器都独具特色。但总体而言，南北各地的瓷器在造型上都具备浓重的时代和地域特色。

元、明、清三代的青花瓷，基本上都是景德镇窑口的天下，其他地方生产的青花瓷受到很大的影响，不仅是形制上极为相似，就连纹饰图案都在模仿景德镇生产的青花瓷。景德镇似乎已经成了青花瓷的代名词。由于景德镇的青花瓷极具代表性，所以景德镇在不同的历史时期所生产的青花瓷也成了衡量青花瓷市场价值的标尺，在衡量价格的时候，只需参照景德镇青花瓷进行比较，其价值差不多就能够计算出来了。

青花瓷的形制虽然有很鲜明的时代性，但同时也具有一定的延续性，不少青花瓷在制作手法上都会受到上一代的影响，形制上都会有一些趋同的地方。掌握每一代青花瓷的形制特点，对判断青花瓷的年代有很大帮助，年代也是影响青花瓷市场价值的重要因素。

一些瓷器的形制是在特定年代特有的类型，比如元代生产的青花大盘、高足杯以及明代永乐时期生产的压手杯，这些瓷器都是时代的特有产物。除此之外，明永乐和宣德年间海上贸易兴盛，所以青花瓷的制作会受到外来文化影响，风格也就与众不同了，传统的青花瓷总

△ **青花文王求贤葫芦瓶　明嘉靖**
高34.4厘米

△ **青花鱼藻纹出戟尊　明嘉靖**
高21.6厘米

△ **青花群仙祝寿大葫芦瓶　明嘉靖**

高56厘米

是会显现出中西文化融合的特殊韵味。这个时期特有的青花瓷作品有：花浇、八角烛台、无挡尊等。嘉靖时期后，出现了特有的天圆地方瓶，康熙时期出现了观音尊、马蹄尊、苹果尊、棒槌瓶，嘉庆时期出现了青花瓷帽筒等，这些青花瓷器物都极具各时代的特有风格。

△ 青花龙纹蛐蛐罐　明隆庆

△ 青花团龙纹提梁壶　明隆庆

△ 青花多穆壶　清康熙

△ 青花麒麟图凤尾尊　清康熙

高45.8厘米

△ **青花长寿富贵图观音尊　清康熙**
高43.4厘米

△ **青花莲托八宝纹盉壶　清乾隆**

　　判定青花瓷的市场价值，除了要了解特有的时代风格之外，还必须要知道，并不是在同一个时期内，一类瓷器就只有一种形制。举个例子来说，康熙时期最具时代风格的青花瓷莫过于棒槌瓶了，但是并不是所有的棒槌瓶都是同一种形制。棒槌瓶分为两种形制，一种是硬棒槌瓶，另一种则是软棒槌瓶。苹果尊也有不同的形制，分为无颈和缩颈两种。有一些形制还具有多种不同的造型，这些都是判定青花瓷市场价值的重要标准。

　　不少不良商家会售卖一些仿制的青花瓷器，即便仿制得再怎么像，也会有纰漏。比如说一些形制不合，而且造型也比较奇特的青花瓷，用行话来讲叫作"妖怪"。根本不用仔细去琢磨，一眼便可以看出来它绝对不是真的青花瓷。

△ **青花花果纹执壶　清乾隆**

2 │ 胎釉

不同时期的青花瓷由于制作手法不同，胎釉和发色会存在一定差异。元代的青花瓷胎色主要为灰白色，胎体相对比较厚重，胎质也较为疏松，瓷化度不是很高。元青花瓷的釉分为卵白釉和青白釉两种，其中卵白釉的颜色就好像是鹅蛋的颜色一样，白里透着一点青色，给人一种乳浊感，透明度较差，而青白釉的釉面相对光洁。元青花在制作手法上不甚讲究修胎，一些青花瓷在制作完成之后可以明显看出有接坯的痕迹，有的瓷器表面甚至还看得出分段粘结的痕迹。这个时期生产的青花瓷多数为砂底，有的甚至还有粘砂的现象，从瓷器表面就可以明显看到旋坯的痕迹。元青花瓷的制作工艺并不精细，比如一些小器物的底心可以看见有乳点突起。小器物尚且如此，大器物的制作就更加粗糙，比如大罐、梅瓶等的制作往往更加粗糙，这些青花瓷器的底部都可以看见明显的收刀点，瓷器上露胎的地方还可以看见火石红。

明前期青花瓷的制作依然不够精细，常常可以见到有一些气孔，如果是民窑生产的，气孔的数量会更多。随后制作工艺逐渐成熟，到了明代中期，青花瓷的胎质相比之前更加坚实细腻，瓷化程度也明显提高。明成化时期的制瓷水平更是进入了黄金时期，制作出来的青花瓷相比之前更加细腻。明代晚期前阶段，青花瓷的胎质还比较细腻，但是在那以后青花瓷的胎质质量回落，重新变得粗疏起来。明朝早、中、晚期青花瓷的釉色都深浅不一，整体而言，虽然釉色深浅有所不同，但是釉质却比较肥厚，色泽也十分深沉。

清代康熙、雍正、乾隆三代，被称为"清三代"，这一时期制瓷业迅速发展。这个时期制成的青花瓷，胎质十分细腻，尤其是康熙时期的青花瓷，胎质细腻到给人一种糯质感。清三代生产的青花瓷虽然釉层不如明代时期那么肥厚，但是透明度和瓷胎的白度都比其他时期更高。到了清代晚期，由于遭到外敌入侵，社会经济逐渐走向衰败，民生凋敝，手工业发展受阻，胎釉品质也大不如从前。

△ 青花庭院人物纹军持　清康熙

高24.5厘米　宽15厘米

　　器型端正规整，发色青翠靓丽。折沿，长颈，鼓圆腹，乳状流，平底浅圈足。胎白质坚，施浆白釉。肩部三开光绘八宝纹，乳流口边绘弦纹，口沿和颈部绘芭蕉和花卉纹。腹部通景满绘洞石、勾栏、芭蕉、竹子以及仕女。

△ 荷叶形多开光青花折枝牡丹花卉纹将军罐　清康熙

通高68厘米　直径17.5厘米　底径6.6厘米

　　器型规整端庄、胎质洁白细腻呈糯米胎。绘画精美，浙料发色纯正浓艳。

　　颈部青花绘折枝花卉纹，器身荷叶形多开光绘折枝牡丹花卉纹。

△ 青花飞鸟花卉纹盖杯　清康熙

通高28厘米　直径17.5厘米　底径6.6厘米

　　器型规整端庄、胎质洁白细腻呈糯米胎。绘画精美，浙料发色纯正浓艳。

　　颈部青花绘折枝花卉纹，器身荷叶形多开光绘折枝花卉纹。

△ 青花菊花纹壶　清康熙

高13厘米　直径15厘米

　　瓜棱梨形壶身，直流，其对应处设一耳形把，矮圈足，拱形盖附宝珠钮，盖沿和壶沿各绘一道弦纹。器型端正，壶体与壶流、壶柄比例适度，和谐统一，端庄大方。釉面肥润呈青白色，青花绘菊花纹。青花发色幽菁淡雅，胎体细腻，花卉兼工带写，花蕊清晰，线条细腻流畅。

△ 青花折枝梅纹粉盒　清康熙

通高5.0厘米　口径10.3厘米　底径6.6厘米

　　器作圆形，盖作平顶，微弧浅壁，盒身、子口、浅弧壁，平底，圈足，胎质洁白坚致，青白釉色泛灰。光泽温润，青花绘纹饰，呈色翠兰，盖面以曲折纹边饰折枝梅纹；盒上下壁绘折枝花卉纹。

△ **青花飞鸟花卉纹盖杯　清康熙**

通高28厘米　　直径17.5厘米　　底径6.6厘米

　　器型规整端庄、胎质洁白细腻呈糯米胎。绘画精美，浙料发色纯正浓艳。颈部青花绘折枝花卉纹，器身荷叶形多开光绘折枝花卉纹。

　　根据不同时期青花瓷不同的胎釉特点，可以判断出青花瓷制成的年代。根据年代以及青花瓷的胎釉情况，进而衡量青花瓷的市场价值，这样给出的价格会更加接近青花瓷自身的价值。

3 | 发色

　　除了可以从胎釉上去判断青花瓷的市场价值，还可以从青花瓷的发色上去判断。想要从发色上判断，首先要对青花瓷不同时期所用的青料有所了解才行，要懂得这些青料都有哪些特点。这样对判断青花瓷年代也有很大帮助。比如说苏麻离青，这种青料是进口青料，能够使用这种青料制成青花瓷的，除了元代就是明代早期了，而且用这种青料制成的青花瓷，多数出自于官窑。这是因为苏麻离青属于进口的青料，海上贸易才出现在中国，想要购买是不太容易的事情；而且苏麻离青的价格也十分昂贵，价格堪比黄金，是一般民窑很难承受如此高昂的价格。

元代以后，国产青料逐渐开始盛行，随后成为制作青花瓷的主要青料。总体来说，明成化之前，一般采用进口青料与国产青料混合使用，到成化至正德前期，一般都采用江西乐平地区生产的平等青，利用平等青烧制出来的青花瓷，发色比较淡雅；正德后期一直到万历前期，又出现了进口的回青，利用回青烧制而成的青花瓷颜色为深翠色，这种颜色比较艳丽，烧制出来的图案会出现晕散的现象。由于只利用回青烧制会导致图案晕散不收，后来人们开始在回青中掺入一些国产的石子青，两种青料混合使用之后，根据不同的配制比例，可以分为"上青"和"中青"两种，两种不同的青料烧制出来的青花瓷在呈色上也有一定的差异。

万历后期一直到崇祯时期，烧制青花瓷开始改用浙青和石子青，利用浙青烧制的发色鲜艳，石子青烧制的发色比较清淡。清初顺治年间，最早人们还在使用石子青，但是单单利用石子青烧制出来的青花瓷，发色偏灰，所以人们渐渐开始改用浙青了。清后期青花瓷发色比较鲜艳的主要原因就是烧制青花瓷的青料已经改为浙青。康熙年间烧制的青花瓷多采用提纯后的浙青，利用提纯后的浙青烧制出来的亮丽发色可以说达到了青花瓷史上的极致。

清朝还有一些窑口会采用云南生产的珠明料，这种青料烧制出来的发色鲜翠，被人称为"翠毛蓝"。在清朝早期，民窑生产的青花瓷颜色比较暗淡，这是因为烧制青花瓷的青料多采用石子青的缘故。雍正、乾隆时期延续了康熙年间的浙青，但是发色却远不及康熙时期那般亮丽。随后到了嘉庆、道光时期，烧制虽然仍然采用浙青和珠明料，但是当时青料已经不经过提纯处理了，所以发色远不及此前，呈色水平明显下降。到了同治和光绪时期之后，烧制青花瓷的工艺更是日渐衰退，当时烧制出来的青花瓷发色竟然出现了艳俗发紫的洋蓝色，通过辨认发色很容易判断青花瓷的生产年代，进而衡量出青花瓷的市场价值。

△ **青花凤穿过枝牡丹军持　清康熙**
通高28厘米　直径7.5厘米　底径6.6厘米

　　折沿，长颈，鼓圆腹，乳状流，平底，浅圈足，胎白质坚，施浆白釉，青花绘纹饰，呈色浓艳。乳流口边绘弦纹，中壁饰折枝花卉纹；器肩绘曲折纹边饰，腹部绘画凤穿过指牡丹花纹至颈部。

△ **青花缠枝番莲军持　清康熙**

通高28厘米　直径7.5厘米　底径6.6厘米

　　军持为佛教僧侣饮水或净手的盛水器。折沿，长颈，鼓圆腹，乳状流，平底，浅圈足。颈下凸弦纹，肩、颈部起弦纹，微起篦纹圆腹，胎白质坚，施浆白釉，青花绘纹饰，呈色蓝中泛灰。青花勾绘凸弦纹边，颈饰贯枝番莲纹，流壁绘曲折纹边饰。乳流和器身绘画缠枝番莲纹。底落青花蕉叶纹。

△ **青花庭院人物纹军持　清康熙**

通高28厘米　直径7.5厘米　底径6.6厘米

　　器型规整，胎质洁白细腻。珠明料的发色深沉淡雅，浓而不艳，给人以清新的美感。纹饰的绘画彰显了窑厂绘画大师的高超技艺。纹饰的布局繁而不乱，口沿绘画博古，颈部绘画缠枝花卉纹，腹部绘画庭院人物，洞石芭蕉、柳树栏杆。尤其是人物的绘画生动形象，人物的神韵栩栩如生。

△ **青花折枝花卉四方瓶一对　清康熙**

通高18厘米　口宽7.5厘米　底径6.6厘米

　　方口、平沿、高颈，颈口上张，梯形肩，腹面鼓弧，高胫，胫渐张，平底，框足。胎白坚致，施青白釉，青花绘纹饰，呈色浓艳。器口内和肩部绘曲折纹边饰，颈和腹部作随行开光，绘饰折枝花卉纹。

△ **通景开光深山访友人物纹高足杯　清康熙**

通高18厘米　直径7.5厘米　底径6.6厘米

　　杯子器型规整、端庄优雅。胎质洁白细腻。煅烧法的浙料发色艳丽，绘画超精美、浓淡层次分明，远山近水人物尽收眼底，生动地展示了古人之间的深情厚谊，不辞辛苦去深山拜访朋友的场景。

4 ｜ 纹饰

　　青花瓷表面的纹饰是最具时代辨识度的地方，人们可以通过纹饰的画法和风格去判断其年代。根据纹饰风格的不同，大体可以将青花瓷的纹饰分为六种不同的类型，即植物型、动物型、山水型、人物型、文字型以及边饰图案型。可以从不同时期的纹饰特点去判断其市场价值。

　　植物型：植物型的纹饰是青花瓷中最常见的类型，明朝中期一直到清朝时期都比较流行带有深刻寓意的花卉图案，比如牡丹、石榴、莲花、桃子等。其中，牡丹寓意富贵，石榴寓意多子，莲花寓意清廉，而桃子寓意长寿。人们会将这些带有吉祥寓意的植物相互结合起来，最终绘制成一幅具有一定特殊寓意的吉祥图案。比如将牡丹与芙蓉结合在一起，具有"荣华富贵"的寓意；将桂花与芙蓉结合在一起，寓意"夫荣妻贵"；将桂花与莲花结合在一起，寓意"连生贵子"。可以看出，青花瓷在古时不仅是人们

△ **青花番莲纹瓶　清康熙**

通高28厘米　直径7.5厘米　底径6.6厘米

△ **青花花卉纹花觚　清康熙**

通高16厘米　直径7.5厘米　底径6.6厘米

生活的实用品，同时也寄托着人们对幸福的期待。带有吉祥寓意的花卉组合可以随意穿插，形式变化多样，寓意也十分丰富。这类纹饰从明后期一直到民国时期都十分流行，虽然寓意没有大幅的变化，但每个时期的绘制方法却不一样，各具不同时期的特点。有一些特殊的纹样甚至只流行于某个特定的时期。比如，明朝洪武时期流行的菊花纹，宣德时期流行的牵牛花以及月影梅，成化时期流行的蔬菜纹以及三秋图；清代康熙时期流行的冰梅纹，雍正时期流行的虞美人花，以及晚清流行的皮球花等。通过这些特有的典型纹饰，我们可以轻松判断其年代，并且衡量其市场价值。

△ **青花地白纹婴戏折枝莲花花觚　清康熙**

通高16厘米　直径7.5厘米　底径6.6厘米

　　洗口，筒身，腹中隐起宽带，折胫，胫边外撇，二层台底，胎白坚致，施浆白釉。洗口内外绘青花曲折纹边饰；瓶身以青地白纹装饰，青花呈色翠蓝；颈部饰莲瓣形开光婴戏折枝莲纹，胫边绘青花莲瓣纹边饰。底落青花新叶款。

△ **青花粉彩洞石花卉大壶　清雍正**

高19厘米　直径25厘米

　　鼓腹，圈足，弯流，环形把。盔帽式盖附宝珠钮。壶体与壶流、壶柄比例适度，和谐统一，端庄大方。壶身施白釉，青花绘洞石、围栏、竹叶、牡丹，矾红彩绘牡丹花、竹叶等。器型硕大，色彩艳丽，线条流畅，画意生动，敦厚古拙。

　　竹子和石头在古代象征着清官的公正廉洁和刚直不阿。

△ **青花缠枝莲纹壶　清雍正**

高12厘米　直径14厘米

　　壶身为莲子形，弯流，环形把，壶身施白釉，青花绘缠枝莲花纹。壶口绘一圈云纹。青花发色幽菁淡雅，胎体细腻。

△ **青花牡丹花卉壶　清雍正**

高12厘米　直径14厘米

　　莲子形腹，弯直流，弯把，壶盖嵌在壶口内。壶身施白釉，青花绘牡丹纹。壶口两道旋纹之间绘青花花叶纹。青花发色幽菁淡雅，胎体细腻。

　　动物型：动物型的纹饰中，最为常见的莫过于龙和凤了，虽然这两种动物只是人们想象出来的，但是依然广受欢迎。尤其是龙纹，在古代青花瓷表面纹饰绘制中更是占据了主位，而且不同时期绘制的龙纹也不尽相同。不同时期龙头、龙爪和龙鳞的形状和数量总会存在差异，我们可以通过不同的数目去寻找对应的年代。元代绘制的龙纹，龙头比较小而龙身比较细，全身长满鳞片，身形矫健，神情凶猛。元代龙大多三爪，只有少数四爪，爪子伸张十分有力。明代官窑绘制

△ **青花麒麟纹簋式炉 明嘉靖**

的龙却多为五爪，龙爪成张开的形状。在明朝永乐时期之前，龙的形态还依然继承着元代的风格。到了宣德之后，龙的风格就开始发生了改变。龙唇变得上翘，有的龙唇甚至画得好像猪嘴一样，龙须向上卷曲，龙身也变得粗壮起来。而后到了弘治和正德时期，龙身又开始变细，样子和元代十分相似。清代时期的龙纹变得气势恢宏，尤其是康熙年间，绘制的龙纹更是气势如虹。但是到了清代后期之后，龙纹逐渐改变，最终绘制出来的龙头甚至有点像虾公，与神物大相径庭。

△ **青花花鸟纹壶　清雍正**

高12厘米　直径16厘米

　　1735年，一艘满载着中国瓷器的货船从中国出发，准备将瓷器运往荷兰鹿特港，然后再分销到世界各地，途经越南海域时遇风浪沉没。上个世纪末，越南开始打捞，成千上万的瓷器被打捞出来。2007年开始，越南和外国拍卖公司合作拍卖，大量海捞瓷流向世界各地。

　　这个壶是其中的一个，在海中沉睡了300多年以后，依然光彩夺目。

　　此壶弯直流、耳形把，矮圈足，瓜棱梨形壶身，器型端正，壶体与壶流、壶柄比例适度，和谐统一，端庄大方。釉面肥润呈青白色，青花绘花鸟。青花发色幽菁淡雅，胎体细腻。构图较为紧密，花卉兼工带写，花蕊清晰，线条细腻流畅。

△ **青花云鹤纹朝珠　清雍正**

直径3厘米

　　双通朝珠，中间有贯穿上下的洞，可穿绳。胎白质坚，施浆白釉，青花绘云鹤纹饰，用作宫廷朝珠或顶戴配珠。云鹤纹是一种典型的瓷器装饰纹样。古人以鹤为仙禽，喻意长寿。鹤纹始见于唐代，越窑青瓷上就有刻画鹤在云间飞翔的图案，习称"云鹤纹"。

△ **青花模印五蝠捧寿倒流壶　清康熙**

高18厘米　直径17厘米

　　桃形倒流壶，足外撇，弯流，环形把。表面施青釉，近顶处青花绘桃叶、五只蝙蝠。底有一孔，用以注水入壶。英国人称此类壶为"卡多根壶"。蝙蝠因其谐音"福"，故在瓷器的吉祥纹饰中广泛采用。五蝠捧寿是清代蝠纹中的一种，多以五只蝙蝠象征五福。

　　山水型：山水纹饰在元代还没有出现过，在明前期也十分少见。一般青花瓷中出现山水纹饰，常常是为了配合人物纹饰。只有到了明朝中期，一些民窑中生产的青花瓷上才出现了单纯的山水纹饰。明时期出现的山水纹饰大多构图比较简单，到清朝的康熙时期，山水纹饰才逐渐流行起来。当时山水画家王时敏、王鉴、王原祁、王翚等的作品风靡一时，其中王原祁与王翚的作品最受康熙帝的赏识。山水画的流行推动了山水纹饰的流行，受到山水画的影响，清朝时期生产的青花瓷中也出现了带有山水画的作品。当时民窑中生产的带有山水画的青花瓷多是潦草地画上几笔，而官窑中生产的青花瓷上的山水画作品却十分谨严工细。

　　人物型：元代是最早采用人物型纹饰的朝代，元代人物纹饰的构图一般都比较繁密，绘制人物纹饰的笔法也比较严谨。明代以后，民窑青花瓷的人物纹饰一般都采用写意的手法来表达主题，绘制图案的手法也比较简练，画风比较自然。清代青花瓷人物画在康熙时期画法最为高深，造型也多夸张，具有很强的时代感。康熙时期的人物神态生动，享誉盛名。到清晚期，绘制手法就变得比较平稳了，线条也比较纤细，相比康熙时期要逊色许多。青花瓷上的纹饰不同，价值也不同。

△ **紫金釉开光青花描金仕女纹大壶　　清康熙**

高21厘米　长27.5厘米

　　紫金釉是一种高温单色釉，主要以锰作为着色剂。此壶得之于比利时一古董商人，系清早期出口欧洲的外销瓷。在欧洲被称作"巴达维亚瓷壶"。此壶体积硕大，敦重古拙。胎体细腻，器直口、短颈、溜、圆球形腹，矮圈足。盔帽式盖，宝珠顶钮，管状直流微微上翘，圆环状把。壶盖及壶身除开十个大小光外，其他部分施乌金釉并饰剔花暗纹，盖面开三个叶形小光，开光内青花加矾红彩绘花叶纹，壶腹开两个叶形大光，内绘庭院仕女图，青花使用国产珠明料，色调翠蓝深沉，在人物衣领部分点缀红彩，整器敦厚古雅，气度轩昂。

△ **青花开光人物花卉壶　清康熙**

高11.5厘米　直径9厘米

　　奖杯形壶身，足外撇，长弯流，环形把上青花点缀飘叶纹。瓷质玉白，釉面光润。壶身六面开光，其中四面青花绘不同形态仕女，另外两面绘盆花。线条飘逸流畅，青花色调青翠淡雅。

△ **紫金釉开光青花人物大壶　清康熙**

高21厘米　长27.5厘米

　　与前壶同属"巴达维亚瓷壶"系列。体积硕大，胎体细腻，器直口、短颈、溜肩、圆球形腹，矮圈足。盔帽式盖，宝珠顶钮，管状直流微微上翘，圆环状把。壶盖及壶身除开十个大小光外，其他部分施乌金釉，盖面开三个叶形小光，开光内以青花绘花叶纹，青花使用国产珠明料，色调翠蓝深沉，紧贴胎骨。壶腹开两个叶形大光，内绘攀枝折桂图，整器敦厚古雅，气度轩昂。

△ **紫金釉开光青花矾红彩人物大壶　清康熙**

高21厘米　长27.5厘米

　　与前二壶同属"巴达维亚瓷壶"系列。三个壶得之于不同时间、不同地方、不同人，体积、胎体、器口、颈肩、壶腹、圈足、流把、纹饰都极其相似，应是出自于同一时间、同一地点、同一窑口，只是此壶壶身开光、彩绘略有不同。经过三百多年的转辗迁徙，三个壶回到故乡，同聚于寒舍，且保存得这么完整，殊为难得。

　　文字型：文字纹饰利用诗文装饰器具，从唐代的长沙窑开始就已经有了这种装饰手法，后来也被运用到青花瓷的制作当中来。1980年，考古学家在江西高安县发现了一个元代的青花瓷高足杯，杯内就带有草书的文字装饰，文字的内容是"人生百年长在醉，算来三万六千场"。元代青花瓷中用这种文字纹饰作为装饰的比较少见，而这件被发现的高足杯是迄今为止发现的首例。青花瓷上的文字

△ **青花赤壁赋诗文提梁壶　清乾隆**
高17厘米　直径13厘米
　　提梁小壶，弯梁，曲流，短颈，丰肩，扁圆形腹体，整体形制秀巧。胎体坚致细腻，釉质光润。整体以青花装饰，一面倭角开光内绘赤壁夜游图，月夜之下，江上泛舟，仙鹤高飞，一派宁静安祥的夜游景象。壶身另一面书赤壁赋诗文。诗文高雅，所书文字如行云流水，灵动畅快，开光外间以杂宝纹装饰。青花发色淡雅，诗

型纹饰一般采用"福如东海"或者"寿山福海"等有吉祥寓意的文字。明代文字纹饰一般都在青花瓷碗的碗底，常为"福""禄""寿""喜"等字样，清代初期一般都采用隶书或者草书书写，而到了清晚期，一般只采用草书进行文字书写了，字体比较潦草。

句优美，景物相连，十分难得。常见赤壁图的题材常以笔筒的形式出现，而此件以此题材烧造成瓷质茶壶，较为特别，当为文人雅士茶具之佳作。特别是此件茶壶为乾隆青花，就更为难得。北京故宫博物院收藏中雍正时期青花诗句人物提梁壶，与此为同一题材。

明代早期很难见到以诗文作为装饰的青花瓷，而到了明朝中期的时候，用诗文装饰的青花瓷逐渐多了起来。正德时期的青花瓷流行选用阿拉伯文进行书写，到了明晚期，青花瓷上的装饰形式主要为诗文与图案相结合，字体多采用行书。清朝初期，经常可以看见青花瓷盘的盘底上写有诗句。康熙时期，流行在青花瓷上书写长篇诗文，比如《出师表》《赤壁赋》《兰亭集序》等，一般采用长篇诗文进行装饰的青花瓷都只采用纯文字进行装饰，很少有图文并茂的形式，字体也多采用楷书。可根据文字型纹饰去判断青花瓷所出年代，根据书法的风格去判断其价值，文字书写功底越深厚的青花瓷，市场价值越高。

边饰图案型：纹饰主要采用云纹、回纹、璎珞、蕉叶、莲瓣、八卦、缠枝等作为主体，不同时期采用的纹饰主题都比较相近，但是这种纹饰一般都是作为辅助型纹饰出现的。虽然说这些纹饰每个朝代都有出现，但是每朝都略有差异，各具特色。在鉴定纹饰的时候，需要注意同一时期同一种纹饰的不同之处，要了解每朝每代纹饰的变化。这些边饰图案虽然是辅助纹饰，但也是青花瓷上不可缺少的装饰部分，是判断青花瓷年代和判定市场价值的重要依据。

5 | 款识

款识是判断青花瓷年代的重要依据之一，一些青花瓷上的纪年款直接就可以用来判断其生产年代。虽然说有了款识之后，对于判断青花瓷的年代就简单方便了许多，但是元代青花瓷上有款识的非常少，迄今为止人们发现的元代青花瓷中，只有少量青花瓷上带有纪年款。其中一件青花云龙象耳瓶上，不仅带有纪年款还带有供养款，两种款识加起来共计有62个字，这件藏品是目前为止人们发现的款识最长的青花瓷。

款识不仅是证明瓷器生产年代的重要依据，更具有其特殊的市场价值。比如说一些吉言款的青花瓷，款识具有美好的寓意，用于馈赠非常不错。一些带有人名的款识，往往更加具有价值。一些款识甚至还带广告的意味，这就具有特殊的价值。还有一些款识看上去不太起眼，但是这种款识也许是最有价值的历史资料，比如说一些带有款识的瓷片，虽然它们残缺不全，但是同样具有非常不错的市场价值。

一些青花瓷上的款识具有很高的历史价值，人们可以通过这些款识的特点去了解一些历史事件。比如，早前人们发现的一个康熙民窑中生产的青花瓷砚的两侧，分别写有"二十一年，天下太平哪！"的字样。通过这句款识我们可以联想到当时人们饱受战乱之苦，对太平的生活十分向往。康熙二十年，吴三桂的孙子吴世璠自杀，这才结束了攻克三藩的战役，这个战役一打就牵连了全国十多个省份，连年的战乱让老百姓苦不堪言，都期待着太平盛世赶快到来。终于在康熙二十一年，三藩被彻底平定，而后在青花瓷上出现了这句发自肺腑的话。看上去虽并不文雅，但透着人们对安定生活的强烈渴求。其中"二十一年"指的就是康熙二十一年，之所以款识上没有出现康熙的年号，是因为在康熙前期，纪年款都是没有年号的，这是此时期款识的特点。

我们在判断一件青花瓷的真正价值的时候，需要从款识上去判断青花瓷的年代，也要根据款识的特点去判断其价值。像上面所说的那些比较特殊的款识相比较一些中规中矩的款识，其市场价值会更高一些。

6 ｜ 底足

青花瓷的底足分为全部露胎和部分露胎两种，无论是哪一种，都可以通过观察胎质和削足工艺去判断所属年代以及市场价值。元青花瓷的底足都是以露胎为主，胎质比较粗疏，观察底足露胎就可以清楚看到。元代制作青花瓷的工艺还没有成熟，所以青花瓷难免会比较粗糙，底部往往可以看见旋坯的痕迹，甚至有一些青花瓷的底部还有粘沙现象，底心也有乳状的凸起。

明初至明晚期，制瓷工艺也相对粗糙，一些青花瓷的底部仍然会粘沙，绝大多数青花的底部还可以看见清晰的旋坯和放射性跳刀痕迹。除此之外，底部还有乳状凸起，这些都是明代青花瓷的主要鉴别特征。明晚期圈足的足跟通常都比较尖，这种情况一直到了清代康熙后期才改变。康熙后期尖状的足跟逐渐变得圆润起来，到雍正和乾隆时期也一直延续着这种样式，这种圆润的足跟一直占据着主流地位。

青花瓷的底足可帮助我们判断真伪，即便底足上经过了补换或者涂饰，依然可以轻易发现破绽。底足经常要与放置面摩擦，如果是老物件，必定会有经年的磨损痕迹，我们可以通过这些痕迹去判断其真实的年代。

二
青花瓷市场价值的影响因素

青花瓷的市场价值这几年来变幻莫测，虽然不及股票那么跌宕起伏，但是价格的趋势整体来说不断走高。青花瓷的市场价值与市场行情、时代审美以及青花瓷的用料和用途都有紧密联系。

1 | 市场行情

青花瓷的珍贵在于其存世量非常稀少，市场行情才会逐渐走高。现如今，随着人们收入和生活水平的提高，在追求物质之外也在追寻更高水平的精神生活。人们文化涵养的提升给青花瓷市场带来了不小的影响。青花瓷的价格和其他艺术品的价格一样，也不断攀升。在我国瓷器市场上，青花瓷已然占据了市场的主导地位，尤其是元明清三代的精品青花瓷，更是在各大拍卖会上频频拍出上千万甚至上亿元的天价。

现今一些古玩商场中售卖的青花瓷绝大多数都是仿品，消费者千万不要抱有侥幸心理，觉得在其中能够捡到漏，因为有句话叫作"买的不如卖的精"，商家绝对不会做亏本的买卖。想要买到真品青花瓷，可以去拍卖会或者通过藏家之间转让获得。最近这二十年来，中国的青花瓷市场价格最少翻了十倍，而艺术藏品的价格只会越来越高，因为藏品从古时遗留下来，而时光不能倒流，这些藏品都没有再生能力，于是存世量越来越少，价格越涨越高。现在人们对青花瓷的需求量已经远远高出了其存世量，不平衡的两者造成了青花瓷价格的持续走高。只要青花瓷是真品，价值只能越来越高，绝对不会出现贬值的现象。

△ **青花象形小壶　清康熙**

高3.1厘米　长4.4厘米

　　这是迄今为止能够见到的年代最早、体积最小的青花壶，此壶虽小，却很精致。它的外形塑成一小象，青花勾勒象鼻、象背、象腿，连象身上的花纹都有很细的描绘。特别是壶足被塑成四条象腿，十分可爱，玩味无穷。

△ **青花殷实铃铛杯　清康熙**

通高16厘米　直径7.5厘米　底径6.6厘米

　　仿欧式金银器造型。敞口，深腹，箍胫，缓坡座，二层台底卧足，胎白质坚，施青白釉，釉色泛白。青花绘纹饰，呈色鲜艳，口沿内外绘同心圆和茎叶边饰，座面饰莲子纹，杯腹绘仰覆莲瓣形开光果树结实纹。

现在市场上有不少仿制的青花瓷，在众多仿制品中有不少很不错的作品，这些作品也具有一定的市场价值，毕竟制作工艺非常不错。虽然不如真品那样价值连城，但也有一定的价值。比如仿制的元朝青花瓷，如果真品可以卖到100万的价格，那么一件工艺精致的仿制品，其售价也可以达到20万左右。此外，如果仿制品出自一些大师之手，也具有相当可观的市场价值。

△ **青花婴戏持荷莲瓶　清康熙**

通高16厘米　直径7.5厘米　底径6.6厘米

　　盖作宝珠钮，拱弧面，出沿，子口；瓶，洗口，高束颈，圆弧肩，鼓弧腹，下腹束敛，矮直胫，胫边微弧，二层台圈足，外底有一台级。胎洁白坚致，施浆白釉。青花绘饰纹样，呈色青中泛灰。盖钮涂青花，盖面和瓶颈周饰莲瓣纹，口边绘曲折纹边饰，胫部饰两层莲瓣边饰，腹部以双弦纹边饰青花地白纹莲瓣开光婴戏折枝莲图。底款落青花叶纹。

△ **青花缠枝西番莲铃铛盖杯　清康熙**

通高26厘米　直径7.5厘米　底径6.6厘米

　　盖作葫芦钮，微弧面，出沿，子口；杯呈筒形，下腹渐收，箍胫，缓坡圆座，二层台底。器施青白釉，釉色泛白。盖内沿、子口和杯口内壁露白细质坚砂胎。青花绘纹饰，呈色鲜艳。钮顶涂青花，钮肩绘莲瓣纹；盖面、杯口和胫部饰隐浮雕莲瓣形开光折枝番莲纹；腹部和器座绘画缠枝番莲纹。底款青花蕉叶款。

△ **青花缠枝莲纹八棱壶　清康熙**

高14厘米　直径15厘米

　　壶身呈八棱，底部宽阔，丰肩，弯曲圆流，柄连接于肩与腹部之间。釉厚滋润，釉面白中泛青。盖成八角圆拱形，宝珠钮。壶身八瓣开光，分别绘缠枝莲纹，花瓣为双勾绘制，内填以细线到尖，层次清晰。缠枝线条生动自然。盖面绘八朵莲花纹样，线描纹饰色泽浓艳，釉汁凝厚而莹润。

△ **青花人物故事纹盘　明万历**
直径21.5厘米

2 | 时代审美

　　青花只是我国众多瓷器制作工艺中的一种特殊手法，制成的成品美艳动人，成了享誉海内外的艺术品。如果追溯青花瓷的起源，从唐宋时期就可以看到一些端倪，后来制瓷工艺逐渐发达，终于在元代趋于成熟。景德镇生产的青花瓷至今备受青睐，始终享有盛名。

　　提到青花瓷的时代审美，我们不得不从其发展过程讲起。在历史上的一段特殊时期，青花瓷的花纹风格偏向于外国风格。虽然工匠是中国人，但青花瓷在保持着古色古香的中国韵味的同时，透着一些外国风情。比如回青制成的青花瓷上，常常带有阿拉伯风格的花纹图案，当时这种用回青制成的青花瓷远销海外，

△ **青花荷塘芦雁牡丹纹大缸　明万历**
直径50厘米

成了"外销瓷"。青花瓷美在了它的颜色，以及它给人们的幽静感。青色虽然看上去比较单调，但是细看之下会发现，看似单调的青色实际并不单调，反而比彩色染料的层次更加丰富，单单利用深浅不一的笔触就能够将一幅画勾勒得清晰完整，将画中物的神韵表达出来，这就是青花瓷的魅力所在。青花瓷的瓷白、釉色犹如美玉，加上具有生命力的青色纹饰图案，一件精美的青花瓷作品就呈现在世人面前了。尽管青花瓷美得让人讶异，但是由于具有易碎的特点，所以想要完好地保存至今绝不是一件容易的事情，现如今一件完整的青花瓷弥足珍贵。

△ 青花缠枝花卉纹琮式瓶　清乾隆

高38.4厘米

△ **青花缠枝花卉螭龙耳云口瓶（一对） 清乾隆**
高24.8厘米，直径16.7厘米

△ **青花花果纹执壶 清道光**
高29.8厘米

△ **青花缠枝莲纹赏瓶 清同治**
高39.2厘米

　　最早发现的青花瓷出现在唐代，那个时期只能算是雏形，事实上并不是真正意义上的青花瓷。到元代，制瓷工艺逐渐成熟，到明朝，青花瓷已经成了当时人们使用的主流器具。青花瓷的巅峰时期出现在清代，尤其是清朝的康熙、雍正、乾隆三个时期，这段时期经济繁荣，国家昌盛，制造业发展迅速，青花瓷的制作工艺达到了顶峰。后来国力衰败，青花瓷的制作工艺也逐渐退步，最终没落。

　　青花瓷上常常带有一些花纹图案，而这些花纹图案中有一些恢宏大气，有一些则是高贵华丽，很多人会疑问，究竟哪一种花纹图案更具价值。其实，青花瓷上的化纹图案本没有贵贱之分，花纹图案出现不同的样式，是因为历朝历代的帝王将相们崇尚的艺术有所不同。由于审美观始终在变，所以青花瓷上的花纹图案也会发生改变，有的清新，有的雍容，有的端庄。每一种不同风格的青花瓷，都具有它们独树一帜的时代审美感。

△ **青花瓜果纹大盘　元代**

△ **青花鱼藻纹大盘　元代**

△ **青花冰梅纹罐　清光绪**

3 ｜ 用料和用途

　　青花瓷历经千百年的历史，在制作用料以及器物的用途上多种多样，其用料和用途都影响着市场价值。元代生产的青花瓷上主要采用进口料，到了明代，延续使用元代剩下的进口料。这些青料催化了青花瓷的成熟。由于用料的不同，所以发色也存在一定差异。明代生产的青花瓷发色主要为青色、蓝色以及紫色三种颜色，之所以这个时期生产的青花瓷颜色各异，主要与青料的品种有很大关系，颜色越鲜亮的青花瓷，市场价值越高。

　　除了用料会影响青花瓷市场价值，用途同样会影响市场价值。青花瓷历史久远，造型丰富，除日常生活中常见的碗、盘、盏、碟等餐具之外，还有一些文房用具、酒具、茶具、冥器、祭器等。这些用途不同的青花瓷造型非常丰富。最初青花瓷只作为日常饮食用具出现，后来用途逐渐变得广泛，制作工艺逐渐成熟。最早在宋代就已经出现了青花瓷，只不过当时的制瓷工艺并不发达，成品青花瓷的瓷质比较粗劣，而且造型比较简单，纹饰图案也十分简单。当时用途最广的青花瓷就莫过于罐了，这种器型的青花瓷主要用途就是盛装液体。后来，随着制瓷工艺逐渐发展成熟，又出现了瓶，瓶不仅可以用于盛装液体，由于造型修长，纹饰丰富，所以经常被人们用作欣赏陈列。宋代青花瓷实用性较强，所以造型比较简单，用于陈设的青花瓷并不是很多。

　　元代制瓷工艺渐趋纯熟，此前宋代生产的青白瓷逐渐退出了历史舞台。随后人们逐渐拓展青花瓷的用途，一些瓷雕塑逐渐出现。这些瓷雕塑的造型都相当逼真，形态栩栩如生，主要是用于观赏。随着时间的推移，青花瓷从最初单纯的实用性器具逐渐成了装点人们生活的摆件。

△ **青花盆景花卉纹花浇　清康熙**

通高26厘米　　直径7.5厘米　　底径6.6厘米

　　圆口、高直颈、溜肩、胫部渐收，平底，浅圈足，腹部一侧置扁条状弯柄，塑耳垂，胎洁白坚致，器壁较厚、釉色泛青，青花绘纹饰，呈色蓝中泛黑，纹样装饰图案化。柄面饰折枝叶纹，杯颈、肩部以弦纹分隔三层纹饰，为如意形贯枝叶边饰、白纹锦地曲折纹边饰、蓝地白纹锦带如意形开光；腹部绘两层纹饰，贯枝叶纹间以折枝花卉纹、花卉盆景间饰如意形蔓叶纹。

△ **青花仕女花卉纹大罐　清康熙**

通高42厘米　直径7.5厘米　底径6.6厘米

　　盔帽式盖附宝珠钮，青花开光绘仕女、花卉纹。罐敞口，直颈，溜肩，鼓腹下敛，胫下外张，典型的康熙将军罐器型，规整、大气，在器身仰俯莲开光内青花绘画"仕女戏童""月下弄琴""荷塘采莲"等主题纹饰，间隔盆景、湖石、牡丹等寓意富贵荣华、闲情雅致的图案。颈部和足边点缀环带回纹和缠枝莲纹。整体纹饰繁而不乱，青花发色浓艳，笔法流畅简洁，人物形象生动活泼，极具观赏和收藏价值，美品。

△ **青花开光山水人物大壮罐　清康熙**

通高62厘米　口径10.3厘米　底径6.6厘米

　　器型规整，画工精细。盖作宝珠钮，拱圆面，菱花口折沿，子口；罐，直口，短颈，圆弧肩，直圆腹，胫渐收，平底，圈足。胎白质坚，施浆白釉。盖内沿、子口和罐口内边露白细砂胎。器作隐浮雕开光装饰，青花绘纹饰，青花呈色淡雅，盖钮涂青花；盖面、罐肩和胫部饰莲瓣形开光，腹部作余地分格开光，各开光边饰绘蔓草纹边饰，开光内绘折枝梅花纹，或折枝牡丹花纹和山水人物图。底落青花新叶款。

△ **青花开光折枝花卉纹大盖缸　清康熙**
通高40厘米　盖径43厘米　底径13厘米

　　器型硕大，规整端庄，胎质洁白细腻呈糯米胎，青花双圈树叶款。通体8开光，开光内分别绘牡丹、鸡冠花。绘画用线描和设色等手法，布局合理、青花发色浓艳，层次分明，折枝花卉争相斗艳、尽收眼底。

三
掌握投资青花瓷的技巧

　　不少消费者在购买青花瓷的时候往往对其价格掌握不准，因此多花了不少"冤枉钱"。尤其是一些抱着投资想法的买家，如果买进的价格过高，就意味着未来收入将大大降低。最近这几年青花瓷的市场价格起伏不定，但总体而言市场价格一直走高，就像股票中的优质股一样，虽然涨幅不会有惊人的波动，但是却能够保持持续上升的趋势，这说明投资青花瓷收益还是不错的，但是需要掌握一些投资技巧。

1 | 关注文物拍卖市场行情

　　早前青花瓷在拍卖市场上的价格逐渐高涨，而最近两年来更是屡屡拍出惊天高价。价值千万的青花瓷比比皆是，甚至还有超过亿元的青花瓷藏品。在众多的天价青花瓷中，大多数都是明清时期官窑青花瓷，这些青花瓷无论是在拍卖会上还是在古玩市场上，都具有惊人的市场价值。在文物拍卖市场上，明清时期的青花瓷一直处于领先行列，那么，明清时期的青花瓷价格何以如此惊人呢？

△ **青花花卉壶　清康熙**

高14厘米　长12厘米

　　壶圆口，短颈，直流，弓形把，梨形瓜棱壶身，拱形盖带花蕾钮，壶两面用青花绘洞石、花草和蝴蝶。流上青花绘装饰花草点缀。壶体与壶流、壶柄比例适度，和谐统一，端庄大方。

其实，青花瓷价格的高低与自身的制作工艺有很大关联，明朝有几个时期，制瓷工艺达到高峰，尤其是明朝早期的永乐和宣德年间，这两个时期的青花瓷被合称为"永宣"，在这个时间段内生产的青花瓷气质不凡，而且瓷胎也十分漂亮，因此这个时间段的青花瓷格外受人们的喜欢。成化时期的青花瓷制作工艺更加精细，尤其是在胎土的选择上比其他时期更加严谨。这一时期胎土的选择标准要求必须精细，制作的青花瓷胎一定要轻薄。纹饰也格外讲究。把胎釉放在灯光下看的时候，会看见有一些泛红的色彩。明清时期除了官窑生产的青花瓷质量超高之外，就连民窑中生产出来的青花瓷也十分惊艳，制作工艺同样精湛，所以这个时期的青花瓷市场潜力非常大，升值前景也很好。

现在古玩市场上的官窑瓷器数量越来越少，完整的青花瓷更是难寻，致使青花瓷的市场价格居高不下。收藏青花瓷是不是只能盯着官窑呢？前面已经提到过，明清时青花瓷制作工艺十分精湛，即便是民窑生产的青花瓷也同样如此，建议大家多关注一下民窑青花瓷，未来民窑青花瓷的市场价格也会上涨，同样具有不错的投资前景。

从目前的古玩市场上的行情来看，今后一段时间里，明清时期的青花瓷仍将是投资热点，未来的升值空间非常不错。

最后，平时多留意青花瓷的拍卖行情，对自己购买青花瓷也有一定帮助。只有掌握了拍卖行情，才能够在购买青花瓷的时候做到心中有数。一般来讲，一些存世量比较少的清三代的官窑青花瓷十分罕见，这些青花瓷的画工精细，做工精美，价格自是高昂，这类藏品并不适合大众收藏，只适合一小部分经济实力雄厚的收藏者购买。此外，作为普通的收藏者，也可以多留意一些清三代民窑的青花瓷。

2 | 投资青花极品

　　近年来青花瓷的价格持续走高，不少人有了投资收藏的想法，其实真正懂得青花瓷的人并不是很多。大家都知道官窑的青花瓷工艺优良，所以市场价值相比较民窑要高出很多，正因如此，现如今市场上仿造官窑的青花瓷越来越多。不少玩家在下手购买时都十分谨慎，一个走眼就可能让自己辛苦赚来的钱打了水漂。

△ **青花双龙戏珠纹八棱洗　明万历**
直径35厘米

△ **青花瑞果纹盖罐　明万历**
高16厘米

△ **青花镂空花卉纹捧盒　明万历**

直径23.5厘米

3 ┃ 果断瞄准时机

近几年来，青花瓷收藏市场的前景一直被大众所看好，尤其是最近四五年以来的投资收益正在以每年30%的收益速度逐渐攀升。有一些制作精细的青花瓷身价更是几年里翻了几番。不过，投资需要果断瞄准时机，才能将收益做到最大。

大家都知道官窑生产的青花瓷，往往能够卖出惊人的天价，一些做工精细的民窑青花瓷同样也有巨大的升值空间，但投资数额并不是很大，相对来说投资风险也比官窑低很多，非常适合一些中小型的投资者购置。虽然说青花瓷价格高昂已经人尽皆知，但是也有南北方差异，去内陆城市购买价格能够相对低一些。

投资青花瓷与其他类型的投资不太一样，不适合这种快速的倒买倒卖，适合中长期持有。青花瓷市场分为冷暖期，一般来说一件青花瓷最好能够在手中持有5～10年的时间，才能够获得更大的利润回报。投资时间较长，对于一些收藏者来说会造成一些经济压力，所以建议大家在投资时不将目标放在一件藏品上，而是采用广撒网的方法，一次性购买多件青花瓷，有人可能会疑惑，同时持有这么多件青花瓷，经济压力不是更大吗？其实青花瓷的价格是持续上涨的，短期持有虽然不能赚到更大利润，但是也会给人们带来一定利润收入，所以可以一次性多收入几件，看行情好了先出手几件，再将其他的保留下来继续等待行情走高。这样可以不错过任何利润上涨的机会，同时缓解自己的经济压力。

另外，现如今青花瓷市场上一些存世量较多的藏品售价并不是很高，但是未来升值空间也是非常大的，不妨现在早点涉足投资，先购进一些存世量比较大价格比较便宜的藏品，但是注意一定要选择精品来投资，否则收益也不会很高。最后还要提醒一下新手玩家，现在青花瓷市场上鱼目混珠的事情比比皆是，稍有不慎就可能购买到赝品，所以在决定投资青花瓷的时候，一定要注意鉴别青花瓷的真伪，这才是确保投资成功的首要前提。

青花瓷市场价值的未来走向

关于青花瓷市场价值的未来走向这个问题，相信很多人都想知道，虽然笔者没有预知未来的能力，但是可以根据现在青花瓷投资市场的现状来分析一下，未来青花瓷的市场价格究竟会是怎样的走向。

1 │ 青花瓷投资市场的现状分析

所有瓷器收藏中，青花瓷是人们投资和收藏的首选和重中之重。青花瓷素有"瓷中之王"的美誉，艺术欣赏价值很高，投资潜力也非常不错。现如今不少人将银行中的钱取出来去做了青花瓷投资，收益比银行存款收益大得多。其中，清代青花瓷是历代青花瓷中最具代表性的，这一时期中国国力昌盛，生产的青花瓷更是精美绝伦，这几年来清代青花瓷在拍卖市场上屡屡被拍出天价。

现在清代官窑青花瓷的售价已经不是普通的藏家所能负担得起的，只有一些小众的投资者才能涉及。当官窑青花瓷不能被收藏者随意触及的时候，人们又将目光投到了民窑青花瓷上。不同于官窑青花瓷，一件民窑青花瓷的价格还是一般收藏者所能接受的，虽然民窑青花瓷的价格不如官窑青花瓷高，但是也不能小看了它们的升值空间。最近几年来一些做工精美的民窑青花瓷也走向了拍卖台，而且常常以成百上千万的价格成交。

民窑青花瓷与官窑青花瓷在设计风格上有很大区别，民窑青花瓷的设计风格常常都是不拘一格的，画风流畅且自然随意，具有很强烈的民间传统风格，这些民窑青花瓷作品常常能够反映出当时的社会背景以及平民的生活状态。别具匠心的风格让民窑青花瓷的投资收益有了非常大的发展空间，许多藏友们也都将目标转移到了民窑青花瓷上，现在民窑青花瓷已然掀起了一股收藏热潮。

青花瓷的市场价值不仅体现在收藏价值上，还体现在其中蕴藏的历史价值和欣赏价值上。统计显示，青花瓷的价格上涨速度是所有陶瓷类藏品中最快的，价格几乎是一年一变。尤其是最近几年青花瓷的价格涨势更是如火如荼，不论是元代、明代还是清三代的作品，都拍出过千万以上的高价，涨幅惊人，未来不可估量。

青花瓷的价格之所以屡屡攀升，是因为其制作工艺在美术史上堪称独具风韵，所以屡屡拍出高价也在情理之中。现今全世界的各大博物馆在争相收藏青花瓷，从这一点就不难看出青花瓷的价值。每一件青花瓷似乎都带着无数的传奇故事。从古代穿越到现代，它给人们带来了无限的乐趣与享受，所以不论是现在还是以后，青花瓷都将成为收藏者们的最爱。

△ **西番莲纹盖瓶 清康熙**

通高52厘米 口径16厘米 底径6.6厘米

　　盖作宝珠钮，拱圆面，菱花口折沿，子口；罐，高直颈，弧肩，丰腹，腹下渐收，高胫下撇，二层台底。胎白质坚，施浆白釉。盖内沿、子口和罐内口边露白细砂胎。青花绘纹饰，呈色鲜艳。盖钮涂青花，罐口、胫边绘曲折纹边饰；盖面和器身满饰西番莲纹。底落青花双圈灵芝款。

△ **青花西厢记人物纹军持　清康熙**

通高52厘米　口径16厘米　底径6.6厘米

　　器型规整，胎质洁白细腻。珠明料的发色深沉淡雅，浓而不艳，给人以清新的美感。纹饰的绘画彰显了窑厂绘画大师的高超技艺。纹饰的布局繁而不乱，口沿绘画博古，颈部绘画缠枝花卉纹，腹部绘画庭院人物，洞石芭蕉、柳树栏杆。尤其是人物的绘画生动形象，人物的神韵栩栩如生。

2 | 青花瓷价值的未来发展趋势

在中国陶瓷品收藏市场中，青花瓷一直占有举足轻重的地位。一些品相好的青花瓷的价格高得惊人，虽然昂贵，但是一点没有削减人们追捧它们的热情，一直以来都供不应求。

在众多的青花瓷作品中，明清青花瓷价格已经翻了几番，每年以成倍的速度上涨。早在2001年，一件明永乐青花烛台就曾以880万的价格成交。在成交后的第四年，这件藏品再次出现在拍卖会中，价格却已经超过千万，被一名藏家以2035万元的价格拍走，涨幅还着实令人惊叹。如果这还不算让人震惊的，2005年，一件名为"鬼谷子下山图"的元青花瓷罐以1568.8万英镑的价格成交，换算成人民币就是2.3亿元左右，如此天价令人咋舌！无独有偶，2009年，一件明宣德年间的青花瓷高足盌在拍卖会上以2306万元的价格成交；2010年，一件清乾隆青花瓷缠枝莲纹花觚以6680万元的价格成交；2011年，一件明永乐青花瓷如意垂肩折枝花果纹梅瓶最终以1.6866亿港元成交；2013年，一件明成化缠枝秋葵纹青花瓷宫盌再次以1.41亿元港元成交。一件件青花瓷藏品成交价格高得惊人，青花瓷的价值在未来显然有很好的发展前景。

观察最近几年来的市场行情后不难发现，目前为止清三代的青花瓷是最具有升值潜力的，尤其是文房四宝以及一些瓶件藏品，这些藏品的共同之处在于它们都可以用来陈列，都是书房中必备的物件，所以更受一些藏家的喜欢。

第四章

青花瓷的收藏与选购

　　随着一首古典风味的《青花瓷》传至大街小巷，不少人对青花瓷逐渐了解起来，甚至只要谈到瓷器，就会第一时间想到青花瓷。由此可见，青花瓷在人们心目中具有重要地位。在众多的瓷器收藏当中，青花瓷也当之无愧地拥有了不可撼动的地位，成了人们收藏的首选。可是，想要拥有一件值得收藏的青花瓷，究竟要如何去选购呢？这一章将重点与大家分享青花瓷的收藏与选购知识。

△ **青花开光矾红彩花卉壶　清康熙**

高17厘米　直径22厘米

　　清早期出口欧洲回流壶。壶腹鼓型，丰肩，圆直流置于腹部，柄连接于肩和腹部之间。盖为圆拱形宝珠钮。壶身用青花绘菊花和花草纹，用矾红彩饰开光线条、点缀花朵。所绘纹饰清新淡雅，釉汁凝厚而莹润。

一
青花瓷的收藏、选购原则

　　收藏青花瓷与购买普通商品不同，假如你想购买一件衣服，那么只要遵从自己的喜好就可以了，可是青花瓷与其他藏品一样，在购买的时候都要遵从一定的原则，这样才能买到值得收藏的藏品。

△ **青花六棱开光仕女纹壶　清康熙**
通高13厘米　直径17.5厘米　底径6.6厘米
　　器型规整端庄，胎质洁白细腻、呈糯米胎。盖和壶身塑成六方形，壶的一端置一多切面流，与之对称的一端置一耳形把。青花发色沉稳淡雅、绘画精美。盖面六开光设宝珠钮，开光内青花绘花卉。壶身六开光内分别青花绘仕女和花卉纹。

1 | 重原料

购买青花瓷的时候，一定要注重青花瓷的原料。制作青花瓷的原料有两种，一种是进口青料，另一种则是国产青料。其中，进口青料在制作青花瓷的时候，呈色会变得青翠欲滴，这是国产青料所不能及的。虽然进口青料也有弊端，比如烧制完成之后，青料表面会形成一些黑斑，但是这些黑斑与其艺术价值来比基本上可以忽略不计。

△ **青花通景山水纹花觚　清康熙**

通高52厘米　口径16厘米　底径6.6厘米

器型规整，画工精细。敞口、长颈、圆弧肩，圆鼓形腹，胫渐收，平底，圈足。胎白质坚，施浆白釉。底露白细砂胎。青花绘通景山水人物纹饰，远山、近水、楼阁、洞石、宝塔，形成一幅生动的山水人物图。青花呈色淡雅，胫部饰莲瓣形开光，各开光边饰绘蔓草纹边饰，开光内绘蓝地白折枝梅花纹，或折枝牡丹花纹和山水人物图。底落青花新叶款。

△ **青花婴戏图四系壶　清康熙**

高28厘米　直径21厘米

　　此壶流虽残，仍不失康熙青花风采。鼓腹四系，卧足。盖和壶身青花绘婴戏纹样。釉面肥润呈青白色，胎体洁白坚硬，薄厚适中。釉面粉白。胎釉结合紧密。青花呈色鲜蓝青翠，明净艳丽，清朗不浑，艳而不俗，应为典型的"翠毛蓝"。器身画面浓淡深浅，光线强弱分明，不同层次的渲染，造成多种深浅层次不同的色调，墨分五色，其画意、笔法、布局、施彩工艺等均有特定的时代韵律。

△ **青花西番莲纹花觚　清康熙**

通高52厘米　口径16厘米　底径6.6厘米

　　器型规整，画工精细。敞口、长颈，圆弧肩，圆鼓形腹，胫渐收，平底，圈足。胎白质坚，施浆白釉。底露白细砂胎。青花绘西番莲纹饰。青花呈色淡雅，颈和腹连接处凸起一道弦纹。底圈绘三角形纹。底落青花新叶款。

　　进口青料烧制出来的青花瓷一般都比国产青料烧制出来的青花瓷更具收藏价值，为什么这么说呢？其实这与原料的来源有很大关系。古代进口青料多通过海上贸易运输到国内，这个时期想要获取进口青料并不容易，只有官窑生产的青花瓷才能用得起，普通民窑中根本无法企及。古代官窑制作青花瓷的工匠都拥有超高的手艺，制作出的成品工艺精美，独具匠心，艺术价值不可估量，因此利用进口原料制成的青花瓷，一定是选购的首要原则。

2 | 重工艺

青花瓷的工艺同样也是选购的重点之一。不妨从青花瓷的外形上入手，先看其造型。众所周知历朝历代青花瓷的造型有所不同，从外观上可以充分体现出青花瓷所在年代的特点，以及所在年代的经济社会背景。一般来说，器型比较优雅、构图立体、图案层次分明的，都是工艺优秀的青花瓷。

△ **青花花卉纹花觚　清康熙**

通高13厘米　直径17.5厘米　底径6.6厘米

器型规整，画工精细。敞口、长颈，圆弧肩，圆鼓形腹，胫渐收，平底，圈足。胎白质坚，施浆白釉。底露白细砂胎。青花绘折枝花卉纹饰。青花呈色淡雅，颈和腹连接处凸起，中间绘折枝花卉。顶部和底部各绘一道弦纹。底落青花新叶款。

△ **青花开光仕女瓶　清康熙**

通高13厘米　　直径17.5厘米　　底径6.6厘米

　　敞口，长颈，颈脖凸扁弧箍，圆弧肩，鼓腹，腹下渐收，高颈外撇，二层台底。胎白质坚，施浆白釉，器身作隐浮雕莲瓣形开光装饰，青花绘纹饰，呈色淡雅。口边内外绘弦纹和曲折纹边饰，颈部饰三层纹饰，分别为折枝花卉纹、团花间饰双菱纹和连珠纹。肩部绘折枝花卉纹。腹部饰六仰莲瓣形开光，绘画仕女、洞石、勾栏、花卉。浙料发色纯正浓艳。

　　青花瓷上的花纹图案与绘画不同，如果是绘画，我们可以使用多种颜色去表达脑中构思，但青花瓷上的颜色只有一种。虽然只用一种颜色勾勒，但不会单调。制瓷工匠利用巧妙构思以及运笔的深浅不同，将同一种颜色运用得出神入化。深浅不一的颜色同样可以将事物绘制得惟妙惟肖。在众多的青花瓷当中，人物刻画清晰且精致的青花瓷，相比其他青花瓷更具收藏价值。

3 | 重发色

提到青花瓷的发色，不懂行的朋友一定会认为，"青花瓷不就是青色的吗？难道还有其他的颜色？"青花瓷顾名思义，颜色自然是青色的，但是青色中也带有其他颜色。青花瓷釉下发色艳丽，行内有一句话叫作"青花见五色"，也就是说，一件青花瓷上的青色根据深浅程度不同，可以呈现出五种颜色。这种青花瓷是最为珍贵的青花瓷。

清康熙年间有不少青花瓷成为珍品。最为出名的当属"五彩青花"，它是青花瓷发展史上的巅峰之作。烧制完成之后，可以看出纹饰图案上深浅不一且虚实多变的青色。明明是同一种青料烧制而成，却能够形成五光十色的发色，由此可见古代工匠的智慧巧思。在选购青花瓷时，发色是选购的重点，发色变化越多，青花瓷就越具有收藏价值。

△ **青花人物纹壶　清康熙**

通高13厘米　直径17.5厘米　底径6.6厘米

器型规整端庄，胎质洁白细腻呈糯米胎。青花发色沉稳淡雅、绘画精美。壶身呈圆鼓型，壶的一端置一圆流，壶的另一端置一耳形把。盔式盖置一宝珠钮，钮上饰青花，盖面绘花卉；壶身青花绘芭蕉、洞石、飞鸟、仕女。

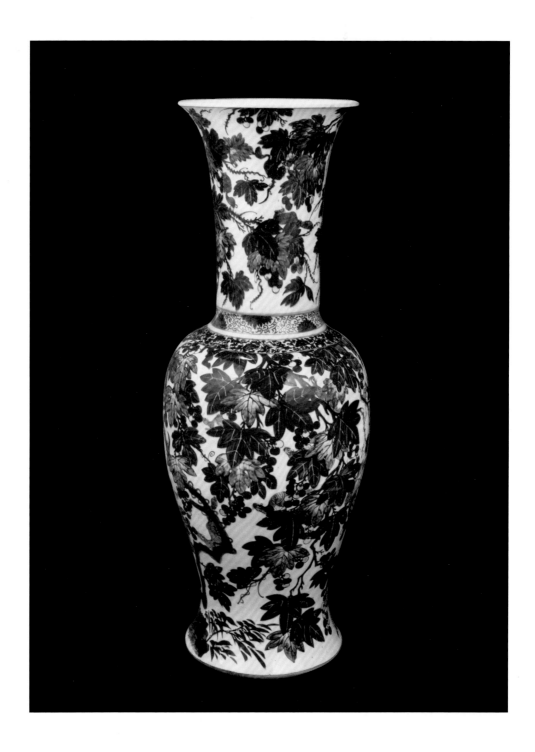

△ **青花釉里红松鼠葡萄花觚** 清康熙

△ **青花梅花纹茶盏茶碟　清康熙**

通高13厘米　直径17.5厘米　底径6.6厘米

　　盏敞口，微弧壁深腹，平底，浅圈足，胎白坚实细腻，施青白釉，青花绘纹饰，内口沿绘曲折纹边饰，底心绘折枝花卉纹，外壁青花绘折枝梅花纹。托盘敞口，浅弧壁，坦底，浅圈足，胎白质坚细腻，施青白釉，青花绘纹饰，内口沿绘曲折纹边饰，盘面青花绘折枝梅花纹，盏托、釉色泛白，青花青翠。

4 | 重款识

款识为青花瓷带来的不只是身份的证明，还有艺术价值的体现。款识的构成主要以文字为主，纹饰为辅，所以书法和图案就是款识的另一种价值体现。现代人可以通过青花瓷上的款识去分析古代书画艺术，这也具有很大的考古价值。

以清顺治青花瓷为例，这个时期的青花瓷制作工艺总体来说是比较粗糙的，纹饰图案也相对随意一些，器型种类不是很多，纹饰种类也十分稀少。顺治、康熙时期的青花瓷与其相比就显得高端一些。清朝康熙时期，手工业迅速发展，青花瓷制作工艺水涨船高，这个时期的成品更加精细，修胎十分讲究，纹饰图案上也比顺治时期更加丰富。康熙时期的款识书写亦十分考究，字体刚劲有力，具有极高的收藏价值。

5 | 以藏养藏

收藏青花瓷不是小投资，每一件真品青花瓷的价格都很高昂，有的甚至已经达到了天价。面对如此高昂的收藏费用，很多人都会望而却步。其实，收藏青花瓷可以灵活一些，不需要一门心思地去收藏，可以巧妙地利用收藏去养收藏，也就是所谓的"以藏养藏"。

以藏养藏是非常不错的收藏方法，青花瓷的价格虽然每年都在攀升，但不会达到股票那种大起大落的程度，所以收藏青花瓷更适合长期持有。可是，长期持有青花瓷也会给人带来不小的难题，要知道一件青花瓷的价格已经很高了，如果想要长期持有，必定会给经济周转带来困难。因此笔者建议大家不必将目光放在一件青花瓷藏品上，不妨多选几件青花瓷藏品。有些人也许会疑惑，"多收藏几件，经济压力不是就更大了吗？"在多收藏几件青花瓷的同时，需要时刻注意市场价格的走势，当手中的某一件藏品的价格攀升速度极快时，观察其价格的增长速度，在价格涨幅稳定的时候就将其出手，这样可以赚到一笔不错的收入。虽然持有的时间不长，但是往往这种情况也会给人们带来不小的利润。有了这笔收入之后，无疑就会减轻自己的经济压力，以藏养藏就是这个道理。

△ 青花罗汉纹钟　明天启

△ 青花人物纹筒瓶　明崇祯

△ 青花人物故事纹卷缸　明崇祯

△ 青花人物故事图大笔筒　明崇祯

△ **青花狩猎图长颈瓶 明崇祯**

高37.5厘米

△ 青花宝相花纹折沿大盘　清雍正

直径45厘米

二
青花瓷的收藏与选购技巧

　　青花瓷的选购对于外行人来说是一件不容易的事情。青花瓷的行家们之所以在挑选时慧眼识珠，正是基于多年的经验与试炼，才总结出选购技巧。

△ **青花五彩鱼藻纹盘　清康熙**
直径13.7厘米

1 ｜ 提升专业知识

　　收藏青花瓷不仅是一门艺术同时也是一门学问，收藏者在选择藏品的同时，应该注意提升自己的专业知识，只有这样才能够做到慧眼识珠，提高辨识力。增加专业知识要从以下几方面入手。

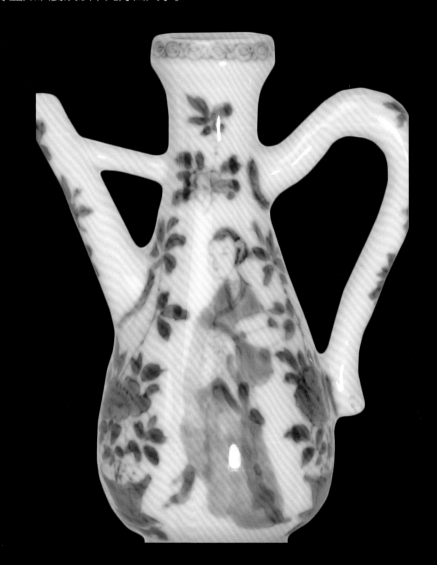

△ **青花开光仕女花卉壶　清康熙**

高16厘米　直径12厘米

　　清早期出口欧洲回流壶。壶身玉壶春瓶形，直流，流和壶身之间有一连接的桥梁，环形把。壶身有六道开光，开光内青花绘仕女执扇花卉图。所绘纹饰色泽浓艳，釉汁凝厚而莹润。

△ **青花矾红彩花卉八棱壶　清康熙**

高12厘米　直径15厘米

　　壶身八棱，八面开光。底部宽阔，丰肩，直流置于肩部，柄连接于肩与腹部之间。盖成八角圆拱形。八面开光内用矾红彩和青花绘菊花和花草纹。盖面在八道开光内绘小花小草。所绘纹饰色泽浓艳，釉汁凝厚而莹润。

　　首先，必须要坚持实践第一的原则。挑选青花瓷时，要掌握一定的理论知识，再结合实物进行辨识。一些人偏好依靠书本上的知识去购买青花瓷，可是理论知识毕竟不如实物来得真实，即便是写得再好的书，看到的也都是图片和文字，远不如真正接触实物来得有效。青花瓷只有在理论引导下，经过实践后，才能够将两者相结合，达到提升自己综合鉴赏能力的目的。不少行内人士在鉴定青花瓷的时候，往往只凭借着自己的一双眼睛就可以轻易鉴定青花瓷的真假，这难道说明他们真的天赋异禀吗？当然不是，这是因为这些行家见得多了，加上自己此前掌握了相关理论知识，所以仅仅依靠一双眼睛就可以轻松鉴定青花瓷的真假。

　　其次，一定要多读书。实践是建立在大量阅读基础上的。人们之所以会去实践，是因为理论知识要依靠实践作为参考呢！比如在阅读书籍的时候，要从青花瓷的发展历史去学习。现如今瓷器市场上的元代青花瓷，常常都是以天价的形式出现，所以不少人会认为只要是元代青花瓷，价格都一定高得惊人。其实不然，元代青花瓷价格高昂人尽皆知，但是只限于元代的一些精品青花瓷而已，一般的民用粗品同样是不值钱的。明朝永乐、宣德一直到清朝康熙、雍正、乾隆时的青花瓷在制作工艺上达到巅峰，这些巅峰之作自然价格昂贵，可是同时期的低档产品价格还是不高。只有了解这些历史，才能够知道同一个年代中哪一类藏品的价格高。

　　最后，一定要懂得在真假青花瓷对比中吸取知识。收藏选购青花瓷的重点在于会辨别其真伪。最好的学习方法就是将两者放在一起进行对比，这是学习鉴定青花瓷最好的方法。不少消费者在购买青花瓷时买到仿品的主要原因就在于他们没有见过真品，自然就少了对比的机会。所以这里建议大家在选购青花瓷之前，先不要急着下手，可以多去看看真的青花瓷，记住不要放过任何一个细节，弄清所有特点之后进行对比，最终才能够找到两者之间的差异，这对提升专业知识有很大帮助。

△ **青花开光"西厢记"故事图碗　清康熙**
直径20厘米

△ **青花五彩八仙人物纹将军罐　清顺治**　　　　　　△ **青花麒麟纹罐　清顺治**

　　另外，还要提醒大家一点，想要提升自己的专业知识，虚心求教绝对是必不可少的。经常去瓷器市场的人都知道，在市场上总是会有一些比较专业的行家，如果遇见不明白的地方多去问问也是极好的。只要对方有能力，虚心求教绝对对自己有所帮助。

2 ｜ 信赖专业方法

　　有很多消费者在选购青花瓷的时候，都想要凭借着一己之力去选择藏品，这种自信的表现其实并不是一件好事。毕竟，现在市场绝大多数的消费者，都不具备专业的鉴赏能力，对青花瓷知识能够说出一二的也只是停留在理论知识上，有过亲身实践经历的消费者少之又少，所以在选购青花瓷的时候，还建议大家要信赖专业方法才行。

　　此前，国外的一些专家曾经质疑过中国鉴定青花瓷的方法，觉得中国一些鉴定专家单单凭借着自己的眼睛就下最终判断是草率的行为，而且觉得这种只用眼睛就鉴定的方法不科学，可信性极低。但是在中国的古瓷鉴定学中，用眼睛看的方法却是十分重要也是具有科学依据的鉴定方法之一。现如今我国鉴定青花瓷真伪时，主要的鉴定方法就是"目鉴"，虽然国外专家质疑过这种鉴定方法，但是这种鉴定方法其实是有一定科学依据的，并不是人们凭借主观臆断出来的结果。当人们用眼睛鉴定青花瓷真假的时候，先要从青花瓷的造型、纹饰、胎釉、款识以及制作工艺来逐一进行观察。观察后的结果还需要结合考古学、历史学以及文学艺术等多门学问进行分析，用眼睛鉴定青花瓷的人，脑子就好像储备了一个历代青花瓷数据库一样，而眼睛就相当于扫描仪，将青花瓷上所有的特征全部扫描到脑子里，再与脑子里的数据进行对比，最终才得出来的鉴定结论。现代人制造出来的科学鉴定仪器，也无非是通过判断青花瓷的胎质和釉面的化学成分进行分析，最终得出青花瓷的生产年代，而人们通过眼睛鉴定其实与机械鉴定是同样的道理。

科学仪器能够看到人们肉眼看不到的东西，可以将青花瓷的化学成分分析出来，而再犀利的肉眼都无法做到这个程度。相比较肉眼，科学仪器可以更准确地对青花瓷的胎质和胎釉进行分析，但是科学仪器也只能做到这个程度。因为它们再神奇也无法去鉴定青花瓷表面的纹饰和画意，更不要说鉴定笔法的真伪了，对于这些鉴定问题，最终还要依靠人们的眼睛并且结合青花瓷的相关知识才能实现。

总而言之，青花瓷鉴定的方法比较多样，我们不能一味地去遵从高科技的鉴定方法，也不能够纯粹相信自己眼睛所看见的。最科学的方法就是将两者合二为一，这样才能够更加准确地鉴定出青花瓷的真伪。现如今我国在鉴定青花瓷的问题上一般都采取三个或三个以上文物专家一起鉴定的方法，如果几个人鉴定的结果不一致，才会采取用科学仪器的方法去鉴定青花瓷。

3 | 关注青花瓷行业发展

经常关注青花瓷行业的人也许会听说这样的一个消息，经常会有人说某某处挖掘出大量的元代青花瓷，这些消息一经放出之后，让很多喜欢青花瓷的人都为之兴奋。了解青花瓷的朋友可能都知道，元代青花瓷是众多青花瓷中最为罕见的一类，迄今为止出土量十分有限，存世量更是少得可怜。

坊间还经常会流传着某些人在涉足青花瓷圈不久之后，就收藏了数件元代青花瓷藏品，一夜之间成了土豪。诸如此类的消息几乎每隔一段时间就会散播出来一些，其实这些消息并不可信。但是对于一些新人来说却足以怦然心动，甚至有人还会想要去效仿一下碰碰运气。如果抱着这样的心态去选购青花瓷，会让你受到沉痛的教训。从发现第一件仿元代青花瓷的物件开始，距今已经有三十几年的时间，虽然说仿元代青花瓷的时间并不是很长，但是自从仿元代青花瓷出现之后，仿品简直可以用铺天盖地这个词来形容了。现如今市场上元代青花瓷的数量十分稀少，而仿元代青花瓷却比比皆是，为什么仿元代青花瓷的数量这么多呢？其主要原因是，元代青花瓷制作精美是收藏的首要选择，供不应求的销售市场也就造成了仿元代青花瓷数量剧增的现象。仿元代青花瓷的存在，不仅让商家与仿制者获取了暴利，还让消费者遭受到了不少的损失。有人会问，为什么明明知道仿元代青花瓷数量那么多，还依然有人愿意冒着买到赝品的风险去购买呢？其实这也从另一个方面反映出了人们对历史文化的推崇以及对财富的向往。实际上，元代青花瓷的出土量很少，按照最近几年的市场发展上来看，大概平均每三年会发现一件真正的元代青花瓷，足见其罕见程度。现如今发现的元代青花瓷藏品中，绝大多数藏品都是日常的餐饮用具，工艺精美的摆件则是凤毛麟角。

目前为止，我国的青花瓷行业中，元代青花瓷由于数量稀少，价格高得惊人，而相对存世量较大的清代青花瓷，由于制作水平精湛，尤其是清三代的制作工艺更是精益求精，因此这类青花瓷藏品也是人们选购的重点。最近几年来，清三代官窑生产的青花瓷一直都是收藏市场的主流藏品，近几年来这类藏品的价格更是逐渐攀升，在投资潜力上也显现出了巨大的优势。

青花瓷作为收藏品的同时也是艺术品，对于这种特殊的藏品，我们无法用具体的数字去衡量其价值。从目前的市场行情来看，清三代景德镇官窑生产的青花瓷市场需求巨大，市场价值还有很大的抬升空间，具体能够涨到什么程度，专业人士也无法给出确切的答案。想要收藏选购的朋友，平时一定要多留意，才能够把握市场行情。

青花瓷的选购途径

目前为止，购买青花瓷的途径一共有四种，即拍卖场、展销会、网络市场以及文玩市场。

1 | 拍卖场

通过拍卖场购买青花瓷是比较好的途径，在拍卖场上进行拍卖的青花瓷一般都是精品青花瓷。最近几年，清三代的青花瓷出现在拍卖场上的次数最多。早在2002年，在嘉德曾经举办过一次瓷器工艺品拍卖专场，当天成交的多件藏品中，成交价排在前十名当中的就有四件是青花瓷，而这四件中有三件是清三代青花瓷，由此可见其受追捧的程度有多高。

2012年在北京举办的一次秋季拍卖会上，一件清乾隆时期的海水祥云应龙纹梅瓶青花瓷，以高达9775万元人民币的价格成交。虽然相比之前拍出的亿万元高价青花瓷在价格上相差甚远，但是这样的天价足以令人震撼。中国人对青花瓷有着特殊的情结，所以不少藏家会不惜花大笔金钱去追求一件自己欣赏的藏品。这些高价的青花瓷一般都是在各大拍卖会上成交的，而很少有人会通过其他途径购买，这也就说明通过拍卖场购买青花瓷是安全可靠的。

一般能够出现在拍卖场的青花瓷都是通过了严格的检测以及专家的鉴定，确认其为真品之后，将青花瓷的历史背景全部告知买家，让买家心中有数。所以买家在拍卖场购买时可以更加放心，不用担心自己会被商家欺骗购买到假货。虽然说在拍卖场上购买青花瓷在真伪上有保证，但是一般售价都不低，必须要有一定的经济实力才行。

在拍卖场购买青花瓷不同于在商家手中购买，因为拍卖会上的一件青花瓷藏品可能会有多个人去竞争拍卖，所以经常会发生价格持续被竞拍者抬高的情况。买家在拍卖场购买青花瓷藏品的时候，首先要为自己做一个预算，当竞拍价格已经远远超出了自己的预算时，就千万不要再头脑一热跟着继续竞拍了。拍卖场的气氛往往会比较热烈，而且随着竞拍的价格逐渐走高，不少人也会变得紧张兴奋，往往一时冲动就会花冤枉钱，所以各位买家一定要保持头脑冷静，千万别被现场气氛所带偏。

2 | 展销会

展销会中的青花瓷质量也是有保障的，商家在参加展销会之前都会通过一系列的严格审核，确保商品质量保真后，才会被投放在展销会中进行售卖。消费者在展销会上购买到的青花瓷如果出现假货，可以直接向工商部门进行举报。

现在的展销会中出售的大多数都是现代青花瓷，很多消费者难免会觉得有点失望，觉得现代的相比古代的价值要低廉很多。可实际上一些出自名家的现代青花瓷虽然不如古青花瓷的价格那么高，但是也具有非常不错的升值空间，是投资收藏的不二之选。

现代青花瓷在原料的选择上基本与古代青花瓷没有任何差异，但是在作品的创作上却存在很大差异，烧制方法也有所改变。古代工匠在烧制青花瓷的时候，多采用柴窑进行烧制，而现代工匠在烧制青花瓷的时候多采用煤气窑进行烧制，两种不同的烧制方法最终导致现代青花瓷与古代青花瓷出现了很大差异。古时候工匠们使用的柴窑中的火都是利用柴火升起来的，像这种用柴火升起来的火，火苗相对是比较“软”的，烧制青花瓷所用的时间相对较长。而现代工匠使用的煤气窑的火焰却十分“硬”，烧制青花瓷所用的时间要远远少于柴窑烧制青花瓷的时间。烧制的时间短，也就意味着烧制青花瓷的成功率大大被提升了。

现代青花瓷在创作风格上比古时更加新颖，创作题材的选取也更广泛。现代制瓷技术要比过去更高，所以相比古代青花瓷也更精美。虽说现代青花瓷优点繁多，但是其价值却与古代青花瓷无法相提并论。不过最近几年来，由于古代青花瓷的仿品横行于世，人们常常会花大价钱购买到假货。因此不少消费者开始改变初衷，与其花钱购买到假货，还不如直接花钱购买一件精美的现代青花瓷。这样一来，大众行为的改变推进了现代青花瓷的收藏。现在越来越多的人喜欢购买现代青花瓷，价格也就水涨船高。

　　如今，现代青花瓷在收藏市场上非常火爆，尤其是景德镇生产的青花瓷，价格更是年年翻倍。一件出自江西景德镇的精美青花瓷，售价可以达到上万元人民币。这几年，青花瓷展销会频频举办，去展销会上碰碰运气，很有可能会发现心仪的藏品。

△ **青花加矾红彩描金花卉壶　清康熙**

高12厘米　直径16厘米

　　康熙时期外销壶，依照外商的图样制作，纹饰中西结合。此类壶可称执壶或净手壶。鸟嘴流、耳形把，壶身用青花绘菊花和枝叶，并用矾红彩绘菊花。部分图案描金。流和把上分别用青花和矾红彩绘菊花和枝叶。

△ **青花秦琼卖马故事纹花浇　清康熙**

通高13厘米　直径17.5厘米　底径6.6厘米

　　器型规整端庄，胎质洁白细腻呈糯米胎。青花发色沉稳淡雅、绘画精美。花浇圆长颈，身呈圆鼓型，花浇的一端置一耳形把。花浇身青花绘骏马、云朵、勾栏、芭蕉、洞石等，讲述山东济南府的秦琼卖马的故事。

△ **青花开光深山访友纹盖瓶　清康熙**

通高13厘米　　直径17.5厘米　　底径6.6厘米

　　器型规整端庄、胎质洁白细腻呈糯米胎。浙料发色纯正浓艳，绘画精美绝伦。颈部青花绘折枝花卉纹、肩部开光蓝底白花绘缠枝菊纹。瓶身开光绘山水风景、人物等，墨色浓淡、层次分明，远山近水人物尽收眼底，犹如一幅美丽的风景画，彰显了古代窑厂绘画大师非凡的绘画功力，绘画清晰地描述古人不辞辛苦翻山越岭去探亲访友的场景，独钓寒江显示了古人为了招待远道而来的亲朋好友去捕鱼的场景……

△ **青花缠枝莲纹盖瓶　清康熙**
通高13厘米　直径17.5厘米　底径6.6厘米

　　器型规整端庄，胎质洁白、细腻呈糯米胎。绘画精美，浙料发色纯正浓艳。
颈部青花绘折枝花卉纹，器身绘缠枝莲纹。

3 │ 网络市场

　　发达的网络给人们的生活带来了便利，尤其是最近几年来电商蓬勃发展，网购已然成了人们购物的主要途径之一。不少消费者觉得去当地的古玩市场淘青花瓷太辛苦，与其泡在古玩市场，不如在网上世界淘自己心仪的藏品。

　　虽说网上出售青花瓷的商家不在少数，但是绝大多数商家出售的青花瓷都是仿制品，真品几乎为零。网购青花瓷固然方便，但弊端也很多。比如网购时，人们只能通过眼睛去看网上商家提供的商品图片，而青花瓷与其他藏品不同，购买时需要格外注意观察，一个细微的差别可能就会导致自己看走眼。但一般商家在网上销售青花瓷的时候，往往放一些经过后期处理的图片，所以图片中的青花瓷往往与实物之间相去甚远，而青花瓷的重要细节他们不会提供给买家。对于一些年代久远的青花瓷，单从图片上观察远远不够，必须亲眼所见才行。因此通过图片去鉴别青花瓷的真假几乎是不可能的。

　　另外，在网上购买青花瓷很难有安全保障，因为青花瓷属于易碎品，运输的过程中也极容易发生意外，一件完好的藏品很可能就这样失之交臂，而究竟是在哪一个环节坏掉的也就成为一个不解之谜。如果商家不负责处理碎掉的商品，买家也很可能束手无策。

　　最近几年来因为青花瓷销售而发生的网购纠纷越来越多，不少买家在购买到青花瓷之后，发现货不对版，要求商家退货，而这个时候商家就会以各种理由拒绝买家的要求，甚至还会让买家出示凭证。对于这样的问题，一些网购平台也无法帮助双方解决，因此在网络市场上购买青花瓷的风险不小。

4 ｜ 文玩市场

　　文玩市场上的青花瓷数量和种类繁多，假货比真货数量要多不少，这让许多消费者觉得烦恼。尤其是刚刚入门的收藏者，想要在文玩市场中淘到一件货真价实的青花瓷是一件富有挑战性的任务。现在文玩市场上鱼目混珠，甚至出现了仿制品数量高过真品的情况，我们就拿元代青花瓷举个例子。

　　元代青花瓷存世量稀少是众所周知的事情，去过文玩市场淘青花瓷的朋友都知道，市场中的元青花瓷几乎每家商户都有出售。面对琳琅满目的元青花瓷，不少刚刚入门的新手甚至会觉得元代青花瓷稀少是假的。加上商家会编出各种各样曲折离奇的故事，让消费者对他们出售的青花瓷深信不疑，一些消费者甚至被商家"洗脑"之后，愿意出惊人的高价去购买仿制品。

现如今文玩市场上想要买到一件真正的青花瓷实属不易，甚至有的商家的柜台中一件真正的青花瓷都没有。刚刚入行的朋友肯定会在文玩市场上栽跟头，而行家也管新手藏家的这种花冤枉钱的行为叫作"交学费"。一般交过"学费"的藏家就会吃一堑长一智，花钱买了教训，在下次购买青花瓷的时候，一定会吸取自己被骗的教训。

虽然说现在文玩市场中的青花瓷销售情况比较混乱，绝大多数的商家喜欢忽悠消费者。但也并不是所有的商家都是如此，也不排除有一些良心商家会出售真正的青花瓷。为了能够买到真正的青花瓷藏品，建议消费者在购买青花瓷之前，多了解一些关于青花瓷的知识，平时可以多到市场中去观察实践。不要着急入手，先走走看看，之后再打听一下市场行情，不妨多向青花瓷方面的行家请教。丰富自己鉴定青花瓷方面的知识，先积累这方面知识，再寻找恰当的时机入手也不迟。

△ **青花开光缠枝花卉纹尊　清康熙**

通高28厘米　直径17.5厘米　底径6.6厘米

　　器型规整端庄，胎质洁白细腻、呈糯米胎。绘画精美，浙料发色纯正浓艳。
　　颈部青花绘折枝花卉纹，器身荷叶形多开光绘折枝花卉纹。

青花瓷收藏与选购的误区

青花瓷收藏虽说不算是一门高深的学问，但如果稍有不慎同样会跌入误区。尤其是最近几年青花瓷的市场价值逐渐攀升，也因此引来了无数商家从事销售。一些商家为了促销，会为消费者制造一些选购误区，但是对于初学者来说，识别出误区并不是一件易事。

1 │ 器型越大越好

一些喜欢青花瓷的朋友在选购青花瓷的时候，往往会从商家处得知，器型越大越好，对青花瓷认识还一知半解的消费者常常轻易听取了商家的意见，落入误区。

在古玩行业中流行着一句老话，"躺着不如坐着的，坐着的不如站着的"。这句话中"躺着的"指的就是盘碟类的器型，而"坐着的"指的是杯碗器型，而"站着的"指的是瓶罐器型。从这句话上来看，很多人就会形成一个概念，就是大件的器型收藏价格高。这句话是该行业中的通识，在一般情况下，大件器的经济和艺术价值通常都要比小件器的高。所以说，一些器型比较大的青花瓷一直都比小的受欢迎，但是大家也不要忽视小器型，尤其是一些日常用具、饮食用具、文房用具和小杂件，看上去虽不起眼，但并不是完全没有收藏价值。

青花瓷饮食用具如碗、盘、碟、杯等，日常生活中人们经常使用，所以这类青花瓷的生产量是非常大的，也就导致了存世量十分可观，价值虽与大器型的青花瓷没法相提并论，但是相比大器型的青花瓷，这类青花瓷更容易入手，可以用这些小器型的青花瓷来丰富自己的收藏，以后到市场价格上扬时还可以做调整。当然收藏小器型的青花瓷也需要注意选择一些质量好且做工精细的藏品，尤其是造型比较小巧、纹饰题材生动的小器型青花瓷，其未来的升值空间也非常不错。

其实，除了一些价值连城的大器型青花瓷藏品之外，一些文房用具例如笔洗、笔筒、笔架、笔杆等，虽然造型上小巧玲珑，但是身价也是不菲的，有一些价格甚至高得令人咋舌。一件青花瓷无论器型的大小怎样，其中都凝聚着古代工匠的智慧与心血，同样都是历史与文化的结晶，所以在收藏选购青花瓷时不用一门心思只将注意力放在大器型的青花瓷上。

2 | 盲目相信拍卖标价

一般我们去古玩市场购买青花瓷的时候，商家通常都会拿出一个拍卖图鉴给消费者看，之后再介绍自己出售的藏品。众所周知，最近几年青花瓷的拍卖价格屡创新高，有很多天价青花瓷更是高得令人咋舌。早在2005年一件元代青花瓷罐"鬼谷子下山图"当时就以约2.3亿人民币的价格成交，也就是说一件小小的青花瓷罐的价值相当于整整两吨黄金，高价让人不可思议。

元代青花瓷的存世量极为稀少，尤其完整瓷器更是少之又少。元代青花瓷纹饰图案都比较单一，能够流传至今且有精美纹饰图案的青花瓷尤为罕见，这也成就了其天价。其实，青花瓷的市场价值不仅取决于数量稀少和制作精美，更取决于历史价值，不少收藏者也很在意青花瓷自身的文化价值。因此，拍卖中形成的天价，是对青花瓷价值的认可，可是偏偏有些人喜欢拿青花瓷拍卖标价进行炒作，不少商家更是看准了这里蕴藏的商机，这样就让一些黑心商家有了可乘之机。

现如今市场上售卖的青花瓷中，真品官窑青花瓷数量少得可怜，绝大多数的藏品都是民窑的青花瓷，或者是仿制的青花瓷，这类青花瓷的售价通常都较便宜，商家就是抓准了买家想要捡漏的心理。但世界上哪里会有那么便宜的事情呢？况且一般做青花瓷生意的商家几乎都是行家，从他们那里捡漏精品青花瓷的难度可想而知。

3 | 文玩市场的老古董都是精品

投资古玩的误区层出不穷。常有人说，现在古玩市场上的老古董都是值得收藏的，投资价值也不错。一些年代久远的青花瓷常被商家标出高价。一些刚入门的收藏者却弄不清楚这类青花瓷是否值那么多钱。

事实上，古青花瓷虽然年代久远，但并不是说所有的老古董都是精品，适于投资收藏的青花瓷重要的不在于年代的久远，而是在乎自身工艺与时代文化背景。一些现代制瓷大师的作品年代并不久远，但是它们的市场价值仍不可小觑。一些人认为，青花瓷从元代开始兴起，所以元代所生产的就一定是佳作精品，价值一定要比其他时期的更高。实际上，元青花瓷存世量十分稀少，确实符合"物以稀为贵"这一原则，但是并不是说元代青花瓷就一定都价值连城。元青花瓷的制作工艺并没有达到顶峰，还处于不太成熟的阶段，相比后一时期生产的瓷器，元青花瓷在质量上是无法与其相提并论的。一些制作工艺粗糙，且没有什么欣赏价值的青花瓷，即便年代够久远，市场价值也不会很高。

现在市场上很多商家会出售元青花瓷，然而这些基本都是仿制品。迄今为止，全世界发现的元代青花瓷一共只有大概300余件，所以古玩市场里出售的都是仿制品。元青花瓷由于制作工艺还不够成熟，所以纹饰一般都比较单一，带有人物纹饰的青花瓷都价格不菲。目前为止发现的元代青花瓷中，带有人物纹饰的青花瓷数量只有区区九个，所以市场中出售的那些制作工艺粗糙的带有人物纹饰的元代青花瓷没有一件是真品。

除了元代青花瓷之外，其他朝代生产的青花瓷也是同样的道理，不是年代久远就一定是精品。历朝历代的官窑中生产的青花瓷几乎全部都是精品，民窑中生产的青花瓷质量却远远不如官窑青花瓷。因为古时官窑生产的青花瓷主要是提供给皇亲贵族使用，一般老百姓只能使用民窑中生产的青花瓷。官窑中的制瓷工艺往往是出类拔萃的，而民窑中的工艺却参差不齐、质量较差。

综上，投资收藏青花瓷时，千万不要只关注青花瓷的年代，却忽视了青花瓷的品质。只有精品青花瓷才值得投资收藏，但不是所有老古董都是精品。

4 ｜ 盲目相信瓷器的故事

在瓷器市场上经常可以见到一些不懂装懂的消费者，这些消费者往往都是读了几本书之后，见过一些青花瓷的图鉴，想要凭借着自己掌握的这点鸡毛蒜皮的知识去试试身手。通常商家在见到这类消费者的时候都会装出崇拜的样子，并且一直夸赞对方多么厉害，懂得有多么多。不少消费者听到商家的夸奖之后，都会有点飘飘然的感觉，商家也会借机给这样的消费者灌一点"迷汤"进去。

一般消费者在购买青花瓷的时候都会询问一下青花瓷的出处，有些商家不等消费者询问就会开始自说自话。通常商家都会将青花瓷的发展史给消费者讲述一番，当消费者对青花瓷的发展史了解一些之后，商家就会开始讲述出售的藏品的来历了。一般情况下，商家都会将藏品的来历说得神乎其神，甚至连经过了多少

△ **青花狮纹壶　清同治**

高17厘米　直径18厘米

　　长圆鼓形器身，平底、直肩，瓷质玉白，釉面晶莹，平盖、弯流，肩上附两系用以系铜提梁。器身满绘六个青花狮子戏球纹，所绘狮子形态各异，周围饰以云水纹，狮纹是明清瓷器装饰的传统纹饰之一。狮子，体大雄壮，有兽王之称。又名狻猊，《尔雅》说"狻猊……食虎豹"。又《宋书》记载："外国有狮子，威服百兽。"故狮纹具有驱辟邪崇的寓意。

个人的手都能够说得一清二楚。很多消费者在听了商家讲述的关于瓷器的故事之后，都会对眼前藏品的信任度提升。尤其是商家在出售一些高仿青花瓷的时候，更是喜欢将故事说得活灵活现，甚至还会拿出一些图鉴给消费者看，证实自己所出售商品的真实性。

其实我们在购买青花瓷的时候，尤其是一些商家将青花瓷描述得珍贵无比的时候，一定要多留一个心眼，毕竟越是珍贵的文物，越容易遇到陷阱。一些商家介绍升值空间大的青花瓷，而他们的售价看上去却十分优惠，这样的商品在购买的时候就要掂量一下商家讲述故事的真实性。毕竟商家在做青花瓷生意的时候也是抱着赚钱的想法，如果升值空间巨大，那么商家又为什么要低价出售呢？面对售价便宜的青花瓷，消费者一定要多想想这些问题，不要一味盲目地相信商家讲的故事。

如果想要做投资收藏青花瓷，事先一定要多学习这方面的知识，多收集一下这方面的资料。如果有条件最好多认识几个青花瓷方面的专家，平日里可以多请教一下关于青花瓷投资收藏方面的知识，并且多接触一些青花瓷的真品实物。要做到多看、多学、多研究，尽量少听商家讲的那些动听的故事。

第五章

青花瓷的养护

虽说青花瓷上的花纹颜色经久不衰，可如果养护不得当，同样会给青花瓷带来不小的损害。有些人由于不了解青花瓷的养护知识，一件好的藏品到手之后，不懂如何养护，往往导致青花瓷损坏。这一章将为读者介绍如何养护青花瓷。

青花瓷的日常清洗

青花瓷不同于我们平时日常生活中瓷质的碗碟，清洗的过程也与刷碗完全不同，千万不要把青花瓷的日常清洁工作想得过于简单。

青花瓷一定要采用手洗的方式进行清洗，这是因为青花瓷的胎釉比较娇嫩，如果清洗不当很容易划伤胎釉，为瓷器带来不可修复的损伤。在清洗青花瓷的时候，切记不要使用材质过于粗糙的抹布，要尽量选择质地柔软的纯棉布擦拭，这样才能确保表面的胎釉不受损伤。人们常常觉得一些小件的青花瓷用洗碗机清洗既快捷又干净，岂不知如果洗碗机不带有专门清洗瓷器的功能的话，青花瓷在经过洗碗机清洗之后，就会遭到破坏。

清洗青花瓷的时候，一定要注意调试好水温，让水温尽量不要超过70℃，而且不要将青花瓷长时间浸泡在热水当中。青花瓷在长时间接触高水温之后，外部就会受影响发生改变，最终损害瓷器的美观。有些青花瓷上会带有一些污渍，这些污渍由于长时间停留在青花瓷的表面，所以想要洗掉是非常困难的。对于那些难以清除的污渍，我们究竟要如何处理呢？如果瓷器表面沾有难以去除的污渍，先不要想着用简单粗暴的手段去清理，可以先用食醋或者柠檬汁试试看，一般使用这两种方式进行清洗之后，污渍都会被清洗干净，而且还不会伤害到青花瓷的胎釉。

△ **青花凤凰牡丹纹盘　清康熙**

通高13厘米　直径17.5厘米　底径6.6厘米

　　盘敞口，弧壁，圈足，足粘窑砂，底施釉不满，露细沙胎。盘内壁青花绘牡丹花卉。内底绘凤凰两只，屹立于云石之上，翘首远眺。青花发色浓重，画工豪放细腻。

在清洗干净之后，接下来可以采用自然风干的方式烘干，也可以用一些柔软吸水的棉布擦拭。有人会说这两种方式中，自然风干的方式用时实在太长，而用柔软棉布擦拭的方法又浪费体力，既然两种方式都不好，那么采用烘干设备将其弄干可不可以呢？这个当然不可以，青花瓷无论是放在烘干设备当中还是消毒柜当中，都会被损坏，所以烘干方式并不适合青花瓷。

△ **青花凤凰牡丹纹盘　清康熙**

通高13厘米　直径17.5厘米　底径6.6厘米

　　盘敞口，弧壁，圈足，足粘窑砂，底施釉不满，露细沙胎。盘内壁青花绘牡丹花卉。内底绘凤凰两只，屹立于云石之上，翘首远眺。青花发色浓重，画工豪放细腻。

最后还要提醒大家一下，在冬季清洗青花瓷的时候，一定要格外注意控制水温。因为冬天气温较低，青花瓷本身处于低温状态，如果在清洗的时候水温太高，滚烫的水进入冰凉的青花瓷中，很容易导致爆裂。另外，在清洗青花瓷的时候，最好选择木质容器或者塑料容器盛水，切勿使用瓷盆、水泥盆或者铁盆盛水，以免过硬的材质与青花瓷发生碰撞，造成损伤。

△ **青花凤凰牡丹纹盘　清康熙**

通高13厘米　直径17.5厘米　底径6.6厘米

盘敞口，弧壁，圈足，足粘窑砂，底施釉不满，露细沙胎。盘内壁青花绘牡丹花卉。内底绘凤凰两只，屹立于云石之上，翘首远眺。青花发色浓重，画工豪放细腻。

△ **青花凤凰牡丹纹盘　清康熙**

通高13厘米　直径17.5厘米　底径6.6厘米

　　盘敞口，弧壁，圈足，足粘窑砂，底施釉不满，露细沙胎。盘内壁青花六开光内绘折枝牡丹。内底绘早期凤凰一只，屹立于云石之上，翘首远眺。青花发色浓重，画工豪放细腻。

二
移动青花瓷的技巧

　　前面的章节中介绍过关于青花瓷的摆设作用，摆放的时候就涉及到移动青花瓷。如果是小件青花瓷，在移动的时候尚且好说，但如果是大件青花瓷，在移动的时候务必讲究技巧。如果没有掌握移动技巧，在移动的过程中就很容易造成损坏。

△ **青花凤凰牡丹纹盘 清康熙**

通高13厘米 直径17.5厘米 底径6.6厘米

盘敞口，弧壁，圈足，足粘窑砂，底施釉不满，露细沙胎。盘内壁青花绘牡丹花卉。内底绘凤凰两只，屹立于云石之上，翘首远眺。青花发色浓重，画工豪放细腻。

器型比较大的青花瓷瓷罐和瓷瓶在制作的时候通常都会采用两端拼接的方式，由于器型比较大，物件的重量也会相对较大，想要移动它们就必须抓住特定部位。有人习惯性用一只手固定住青花瓷的颈部，抓住器物中颈部最细的部分。其实，在移动器型比较大的青花瓷的时候，除用一只手掌握颈部之外，还要用另外一只手托住青花瓷的底部。如果只拿青花瓷的颈部，很可能因为重量太大，导致原来拼接的部分发生分离。另外，一些青花瓷的器物带有双耳，很多人习惯性提着双耳移动它们，可是青花瓷双耳的实际用途并不是供人们提拉用的，多半是用于装饰。绝大多数青花瓷的双耳都无法承受整个器物的重量，所以单单提拉双耳移动青花瓷，很容易因为重量过大而导致双耳折断，进而对青花瓷自身造成损坏。

△ 青花凤凰牡丹纹盘　清康熙

通高13厘米　直径17.5厘米　底径6.6厘米

　　盘敞口，弧壁，圈足，足粘窑砂，底施釉不满，露细沙胎。盘内壁青花绘牡丹花卉。内底绘凤凰一只，伫立于溪河之边，翘首远眺。青花发色浓重，画工豪放细腻。

△ 青花凤凰牡丹纹盘　清康熙

通高13厘米　直径17.5厘米　底径6.6厘米

　　盘敞口，弧壁，圈足，足粘窑砂，底施釉不满，露细沙胎。盘内壁青花绘牡丹花卉。内底绘早期凤凰一只，屹立于溪河边，翘首远眺。青花发色浓重，画工豪放细腻。

△ **青花粉彩雕狮壶　清雍正**

高16厘米　直径21厘米

　　圆鼓形壶身开四个圆形光，开光内浮雕几何形牡丹花并饰粉彩。壶流和壶把上各塑两个狮子，嵌进式壶盖上塑一小狮子。狮子施蓝釉幽靓素雅。三个狮子造型生动可爱，栩栩如生。

△ **青花竹梅庭院纹壶　清雍正**

高16厘米　直径21厘米

　　扁圆鼓形壶身。矮圈足，多棱直流，耳形柄上设计有精巧的拇指按。嵌进式壶盖附宝珠钮。壶身青花绘竹、梅。菱形开光内绘庭院楼阁。青花幽靓素雅、清新明快，绘法简练雅致。

　　除了一些器型比较大的青花瓷器之外，一些比较重的青花瓷在移动的时候也需要格外注意。比如说一些大盘、大碗非常重，在移动它们的时候，必须要双手捧着它们，或者用一只手的拇指和食指紧紧扣住青花瓷的边缘，再用另一只手的四指以及手掌托住青花瓷的底部进行移动。切忌用一只手扣住青花瓷的边缘进行移动，以免青花瓷因为重量过大而发生断裂。

　　青花瓷中有一些瓷胎比较薄的物件，在移动安放的时候也同样需要加倍呵护才行，切忌只用一只手移动。虽然重量轻，但是同样需要用两只手同时捧起它移动，以免手滑导致青花瓷掉落。尤其是一些质地比较轻薄的青花瓷瓶，这类青花瓷物件质地轻薄，而且个头比较高，更容易受到损坏，如果风大很容易将它们吹倒，所以在陈列的时候一定要格外小心，切忌将其放在风口的位置，以免被风吹倒。

△ 青花粉彩开光人物花鸟壶　清乾隆

高15厘米　直径22.5厘米

　　此壶圆鼓形壶身，矮圈足，胎质细腻施白釉。壶身两面青花菱形开光。开光内粉彩绘相夫教子图。圆弯流，环形把。宝珠钮盔式盖。盖上青花绘花卉纹，流口和钮上描金，为典型的乾隆期中西结合的外销壶。

△ **青花攀枝折桂纹壶　清乾隆**

高15厘米　直径19厘米

　　圆鼓形壶身，圈足、直颈，壶及盖遍施白釉。壶肩一圈卷草纹。壶身四面开光，开光之间用回纹。两面开光内用青花绘传统的攀枝折桂图，另两面绘青花牡丹纹。多棱流和把分别塑成龙首龙尾状，青花点缀。宝珠钮盔式盖，盖沿绘一圈菱形花卉纹，盖面四面开光，分别绘牡丹花卉。

　　另外，有不少青花瓷都是带盖或者带座的，这种分为两部分的青花瓷物件，在移动的时候千万不要图省事，两个物件放在一起端着移动，以防会出现底座不稳或者盖子滑落等现象。对于一些带有铂金或者黄金装饰的青花瓷，千万不要将其放在微波炉中进行加热，不然会引发危险。

△ **青花神龙见尾不见首纹壶　清道光**

高17厘米　直径22厘米

　　圆鼓形壶身，短直颈，圈足，盔帽式壶盖附狮子钮。壶的一侧设龙头造型壶流，与之对称处设耳形把。壶身遍施白釉，盖和壶身通景青花绘"神龙见尾不见首"纹，壶下部青花绘一圈水波纹。

△ **青花西番莲纹盖杯 清康熙**

通高28厘米 直径17.5厘米 底径6.6厘米

　　器型规整端庄，胎质洁白细腻、呈糯米胎。绘画精美，浙料发色纯正浓艳。

　　颈部青花绘折枝花卉纹，器身荷叶形多开光绘折枝花卉纹。

三
青花瓷存放禁忌

作为一名青花瓷的收藏者来说，不仅要懂得如何选择一件值得收藏的青花瓷，更要懂得如何正确地存放这些价值不菲的青花瓷。一件精美的青花瓷如果存放不得当，很容易对其造成不可修复的伤害。青花瓷对周围的存放环境有一定要求。

首先，存放青花瓷的环境一定要注意光线。我们都知道光线中含有紫外线，当紫外线照射在青花瓷表面的时候，短时间可能不会造成什么伤害，但是如果长时间照射的话，表面的颜色就会发生改变。这种改变形成的速度往往很慢，但是日积月累之后，这种改变对青花瓷的影响就会逐渐显现出来。所以，在存放青花瓷的时候，要尽量避免存放在阳光能够直接照射到的位置。如果屋子里阳光比较充足，在太阳照射比较强的时候，最好将屋内的窗帘拉上，避免阳光射进来照在青花瓷上。另外，存放青花瓷房间内的灯最好选择白炽灯，但白炽灯如果太靠近青花瓷，发出的热量也会影响到青花瓷。

其次，要调整存放青花瓷房间内的温度和湿度。温度会对青花瓷造成影响，所以不要将青花瓷存放在温度较高的环境当中。也许不少人会觉得，既然不能够将青花瓷存放在温度较高的环境中，那么就为青花瓷找一个温度比较低的地方吧！因此车库、地下室或者阁楼就成了青花瓷的栖身之所，其实不少的收藏者都喜欢将藏品存放在这些地方，但岂不知青花瓷却一点都不喜欢这种栖身之所，这些地点都比较潮湿，温度也不稳定，根本不适合存放青花瓷。青花瓷如果长时间存放在这种潮湿的环境中，表面就会生长出霉菌，并积聚有害物质，这些肉眼看不到的东西，很快就会进入青花瓷内部造成破坏。建议收藏者尽量保持室内湿度为50%左右，且屋子内通风良好，温度长时间保持不变。

最后还要提醒各位收藏者，存放青花瓷的房间内最好不要饲养宠物。一些活泼好动的宠物，例如猫、狗，在家里会经常跑跳，很容易将摆放在家中的青花瓷打破，因此需要格外注意。对于珍贵的青花瓷藏品，最好存放在锦盒当中，这样能够更加有力地保护藏品。

△ **青花折枝花卉纹双管瓶　清康熙**

△ **青花缠枝莲直桶壶　清雍正**

高177厘米　直径12厘米

　　长圆桶形壶身，弯流，环形把。壶体与壶流、壶柄比例适度，和谐统一，端庄大方。流和把上用青花点缀。壶身遍绘青花单描缠枝莲纹，壶肩绘缠枝莲纹。青花幽靓素雅、清新明快，宝珠钮盖绘缠枝莲纹。

△ **青花加彩八宝纹奶壶　清乾隆**

高15厘米　直径14厘米

　　瓜形壶身、雀嘴流。宝珠钮盔式盖。壶肩两道青花弦纹，弦纹内矾红彩绘云纹。壶盖和壶身青花加彩绘八宝纹并描金。率意豪放，色泽艳丽。

△ **青花攀枝折桂纹壶　清乾隆**

高15厘米　直径19厘米

　　圆鼓形壶身，圈足、直颈，壶及盖遍施白釉。壶肩一圈卷草纹。壶身用青花绘传统的攀枝折桂图，圆直流和把分别用青花点缀。宝珠钮盔式盖，盖沿绘一圈菱形花卉纹，盖面绘牡丹花卉。

△ **青花山水人物纹壶　清道光**

高23厘米　直径15厘米

　　细长直颈圆鼓壶身，平底，壶身青花绘山水人物。纹饰线条纤细流畅，层次丰富，构图严谨，绘工精细。壶颈和壶肩处设一弯把，把两头塑螭龙，青花点缀。

△ **青花云龙纹扁壶　清光绪**

高31.5厘米　直径24.5厘米

　　此壶形式由春秋铜扁壶演变而来。扁圆器身，高直颈，高圈足，拱形盖附宝珠钮，多棱曲柄、弯流，器身饰冰梅纹，两面开光，一面绘五爪龙纹，一面绘凤凰纹，旁饰云火纹。足部饰璎珞纹。

△ **青花菊花鹌鹑纹壶　清光绪**

高17.7厘米　直径12厘米

　　梨形壶身，直颈，圈足，拱形盖附宝珠钮，圆曲柄，圆弯流上青花点缀，器身两面青花绘菊花、洞石和鸟。菊花以其素洁高雅的品性、绚丽缤纷的色彩、坚贞顽强的风骨和丰富多彩的意趣而备受古代文人的青睐。